< 선비들의 평생 공부법 시리즈 3부작 제3권 >

(공부에 모든 것을 걸 줄 안 공부의 대가들)

조선 최고의 독서 달인들

김병완

" 선비들에게 공부는 기술이 아니라, 인생 그 자체였다."

< 선비들의 평생 공부법 시리즈 3부작 제3권 >

(공부에 모든 것을 걸 줄 안 공부의 대가들)

조선 최고의 독서 달인들

죽을 때까지 공부와 독서로 스스로를 완성한 선비들

“선비들에게 공부는 기술이 아니라, 인생 그 자체였다.”

머리말 _ 백년도 못 되는 인생이 공부를 하지 않는다면 ...

조선 선비들에게 있어서 공부란 과연 어떤 것이었을까? 그리고 그들은 왜 목숨을 걸고 그렇게 공부했던 것일까? 누구를 위한, 무엇을 위한, 또 무엇을 했던 것일까?

이 책은 바로 이러한 질문에 대해 순수하게 공부라는 측면에 대해서 그들을 탐구하고 연구한 결과물이라고 할 수 있다.

‘공부를 그저 출세의 수단으로만 여겨서는 공부도 잃고 나도 잃는다.’

‘백년도 못 되는 인생이 공부를 하지 않는다면 이 세상에 살다 간 보람을 어디서 찾겠는가?’

‘ 사람이 세상에 나서 책을 안 읽고(공부를 하지 않고) 무슨 일을 하겠는가?’

조선 최고의 지식 경영자 다산 정약용 선생의 이 말처럼 공부는 해도 되고, 안 해도 되는 것이 아니라는 생각이 든다. 어제 배운 지식이 오늘은 더 이상 쓸모없는 죽은 지식이 되어 버리는 그런 21세기 변혁의 시대에는 더욱더 공부의 필요성이 강조된다.

이러한 치열한 시대에도 불구하고 공부를 하지 않는 사람들은 과연 무슨 배짱으로 하루하루를 살아가고 있는 것일까?

조선 시대 우리의 선비들은 과연 공부란 것을 무엇이라고 여겼고, 공부를 어떤 마음 자세로 했던 것일까? 그래서 그분들이 공부를 통해 이루고 배우고 익힌 것들은 과연 어떤 것들이었을까?

필자는 예전에 중국 현인들의 공부법에 대한 주제의 어떤 책을 읽고서 큰 감명을 받고 감동을 받았다. 하지만 한 가지 불만이 생겼다. 그것은 이것이었다.

‘왜 한국의 선비들도 이들 못지않게 공부의 대가들이었고, 공부에 모든 것을 걸고 공부를 통해 이룬 것이 적지 않았는데도 다른 나라의 현인들에 대한 공부법이란 책이 먼저 나온 것일까?’

이러한 불만을 품고, 반드시 우리 선조들의 공부법에 대한 책을 쓰겠다고 결심했다. 하지만 먹고 살기에 바빠서 시작하고 결단하지 못하다가 이제 겨우 시작하게 되었던 것이다. 이 책은 바로 그러한 동기에서 씨앗을 이미 품었던 책이었음을 미리 밝혀 둔다.

이 책을 통해 얻을 수 있는 한 가지 유익함은 우리 선조들의 공부에 대한 치열한 자세와 공부에 대한 생각을 확실하게 알 수 있게 될 것이라는 것이다.

다산 선생을 매우 존경했던 한 명으로서, 이제 좀 더 그 존경의 범위를 확산시켜 다양한 조선 선비들의 공부법과 공부에 대한 그분들의 치열한 의식을 파헤침으로써 우리 선조의 공부에 대해 좀 더 깊고 넓게 알아보고 싶었다.

다산 선생의 말들을 통해 평생 공부하는 사람이 모름지기 가져야 할 자세와 의식을 배웠다면 이제 범위를 확산시켜 다른 선조들의 공부의 세계에 빠져들고 싶었다.

이 책은 우리 선조들의 공부법에 대한 치열한 공부의 부산물이기도 하다. 그리고 또한 이 책은 지금까지 제대로 종합적으로 정리되지 못 한 우리 선조들의 공부에 대한 종합적인 탐구서이자 선조들의 공부에 대해 연구하고 공부하고자 하는 사람들의 첫 입문서 역할을 제대로 해 줄 것이라고 생각한다.

서양의 현인들, 중국의 현인들에 대해서 공부하고 연구한 책들은 지금도 우리 선조들에 대한 공부와 연구보다 훨씬 더 많다는 사실은 가슴 아픈 현실이기도 하다.

그렇기 때문에 이 책은 조금이라도 이러한 사실을 회복시키기 위한 몸부림이라고 생각해야 할 것 같다.

우리 선조들의 공부법을 보면 몇 가지 두드러진 특징이 있다. 그것들을 먼저 정리해 보면 '공부는 사람다운 사람이 되기 위해 누구나 해야만 하는 아주 가까이 있는 것이며, 특별한 사람만이 하는 것은 아니다' 라고 강조한 율곡 이이와 '옥도 다듬지 않을 수 없고, 재목도 깎지 않을 수 없으며, 사람도 배우지 않을 수 없는 것이다.' 라고 말한 담헌 홍대용 선생, 그리고 ' ' 사람이 세상에 나서 책을 안 읽고(공부를 하지 않고) 무슨 일을 하겠는가?' 라고 말한 다산 정약용 선생의 말처럼 공부는 사람이라면 누구나 해야 하는 것이라는 사실을 강조했음을 알 수 있다.

'공부를 그저 출세의 수단으로만 여겨서는 공부도 잃고 나도 잃는 다.' 라고 말한 다산 선생과 " 독서를 하면서 써먹을 것을 구하는 것은 모두 사심에서 비롯된 것인데, 해 마칠 때까지 독서를 해도 학문에 진보가 없는 것은 사의(私意)가 그것을 해치기 때문이다." 라고 말한 연암 박지원 선생의 말에서처럼 공부는 다른 수단을 위해서 하는 것이 아니라는 것을 알 수 있다.

또한 선비들의 공부법을 통해 배울 수 있는 것들은 '명색은 책을 읽는다 하면서 실제 몸으로 행하지 못하면 문장을 아름답게 꾸미게 하고 입만 번지르르하게 하는 도구일 뿐이니, 진정한 학문', 즉 참된 공부가 아니다' 라고 말한 명재 윤증의 말을 토대로 볼 때, 행함을 강조했다는 것을 알 수 있다.

우리 선조들의 공부에 대한 생각을 큰 것들로만 몇 가지 정리해 보면 이렇다.

첫째, 공부는 인간이라면 누구나 마땅히 해야 하는 것.

둘째, 공부를 다른 것들의 수단으로 여겨서는 안 된다는 것.

셋째. 공부하는 데 잔꾀를 부리지 않는다는 것.

넷째. 공부를 했다면 몸으로 행해야 한다는 것.

다섯째. 공부했다면 자신이 겸손해져야 한다

는 것.

한 마디로 우리 조상들의 공부에 대한 견해는 '사람으로서 세상에 태어났다면, 반드시 해야 하는 것이며, 그것에 진정한 기쁨과 즐거움과 삶의 의미와 인간답게 살아가는 길이 있으며, 더불어 몸으로 실천하는 행함이 어우러지는 삶으로서의 공부' 를 의미하는 것 같다.

우리 선조들의 공부법을 통해 보다 밝은 한국사회와 미래를 열어 가는 데 조금 이라도 일조를 했으면 좋겠다.

끝으로 이 책을 읽는 독자들이 오해를 하지 않아야 할 점이 하나 있다. 그것은 이미 조선의 선비들에 대한 공부에 대한 좋은 책들이 권위 있는 학자들에 의해 많이 출간되어 있는 것은 사실이다. 하지만 그 책들이 모두 수준이 높고 다소 일반 대중들이 보기에 어렵다는 것이다. 일반 대중들이 접근하기에는 다소 학문적이고 난해하다는 점을 부인할 수 없다.

이 책은 바로 이러한 점을 해결해 주는 교량 역할을 하는 책이라고 할 수 있다. 즉 필자의 가장 큰 장점은 어려운 주제나 이야기를 대중들이 쉽고 편하게 재미있고 유익하게 읽을 수 있도록 풀어서 전달해 주는 그런 대중적인 글쓰기라는 점이다.

이 책도 바로 그런 책이다. 조선 선비들에 대해 잘 설명해 놓은 수준 높은 책들을 좀 더 쉽고 편하고 재미도 있게 적절하게 소개함으로써 독자들로 하여금 난해하고 어려운 책들을 좀 더 쉽고 편하게 읽을 수 있도록 해 주는 국문학과 조선 선비들의 공부에 대한 대중적인 입문서 역할을 해 주는 책이라는 점이다.

그래서 이미 조선의 선비에 대한 학식이 높은 사람들은 그저 참조용으로 읽으면 될 것이고, 일반 대중들은 수준이 높고 이해하기 힘들고 그래서 재미가 반감되었던, 그래서 잘 읽지 않았던 선비들의 공부에 대한 주제의 책들을 좀 더 재미있게 읽기 위한 입문서로 사용하면 좋을 책임을 미리 밝혀 둔다.

한국의 지식인 혹은 교양인으로서 최소한 우리 선조들의 공부에 대하여 알고 있어야 할 정도의 교양을 위한 책으로 읽어도 별 무리가 없을 것이다. 너무 딱딱하고 어렵지 않게 대중들을 위한 선비들의 평생 공부법이란 이 책을 통해 과거 우리 선조들의 공부의 발자취를 더듬어 보는 좋은 기회가 되었으면 좋겠다.

마지막으로 우리가 꼭 알아야 할 우리 선조들의 공부법에 대해 마지막에 정리해 놓았다. 그것을 약간만 더 간단히 소개하면 이렇다.

조선 시대 최고의 지식 경영 대가라고 해도 손색이 없는 다산 선생의 공부법은 한 마디로 '초서법' 이다. 그리고 선비는 아니었지만, 평생 책을 읽고 공부를 하여 일가를 이루었다는 점에서 조선 시대의 선비와 하나도 다를 바 없는 세종대왕의 공부법은 '백독백습'이다. 백 번이나 반복해서 읽고, 백 번이나 쓰는 공부법이었다. 명재 윤증 선생도 역시 기록하는 공부인 차기공부(箚記工夫)를 강조했다.

남명 조식과 화담 서경덕은 모두 공부란 사물을 궁구하는 것이며 깊이 생각하고 사색하는 공부를 강조했던 선비들이었다. 또한 퇴계 이황은 공부란 거울을 닦는 것과 같기 때문에 쉬지 말고 반복해서 해야 하는 것이라고 말했다. 그렇기 때문에 당연히 그의 공부는 오래도록 하는 구원공부(久遠工夫)였던 것이고, 힘들도록 부지런하게 해야 하는 근고공부(勤苦工夫)였던 것이다.

율곡 이이의 공부법은 자경문을 통해 스스로 마음을 다잡아 스스로 해 나가는 공부였다. 그리고 혜강 최한기 선생은 세상의 출세보다는 공부 그 자체에 열정을 가지고 공부를 좋아했던 인물이었다. 담헌 홍대용 선생은 입이 아닌 마음으로 읽는 독서와 공부를 강조했다. 마음을 다잡기 위해서 책을 읽거나 공부할 때 몸가짐을 바로 하는 것을 중요하게 생각했다.

명재 윤증 선생은 행함이 없는 공부는 공부라고 하지 않았고, 언제 어디서든 공부를 해야 하고, 쉬지 않고 해야 한다는 것을 강조하면서, 큰 사람이 되는 공부를 하라고 강조했다.

퇴계이황 선생은 공부란 거울을 닦는 것과 같다고 하면서 인격을 위한 공부를 하라고 말했다. 성호 이익 선생은 자만심을 경계하고 날마다 새롭게 되는 공부를 하라고 강조했다. 화담 서경덕 선생은 공부를 하면 누구나 성인이 될 수 있다는 주장을 했고, 독서보다는 사색을 통한 공부를 강조했다. 특히 기억에 남는 것은 책을 통해 사색을 한 것이 아니라 책 없이 사색을 통해 이치를 깨닫고 그 후 책을 통해 확인하는 공부였다는 점이다.

공부법과 함께 조선 시대 선비 중에서 가장 인상에 남는 독서법을 실천했던 선비 중에서 백곡 김득신 선생을 빼놓을 수 없을 듯하다. 그는 억만 번을 읽고 또 읽어서 결국 일가를 이루고 이름을 남긴 학자였다.

그와 함께 쌍벽을 이루는 독서의 대가가 바로 '간서치' 로 널리 알려진 청정관 이덕무였다. 그는 평생 2만 권이 넘는 책을 읽었고, 남들보다 한 단계 더 규율이 있는 공부를 했던 학자였다.

조선의 선비 중에 빼놓을 수 없었던 인물은 바로 '혜강 최한기' 선생이다. 그는 출세보다는 공부를 선택했고, 과거의 전통적인 학문보다는 미래를 선택했던 학자였다. 놀랍게도 그는 1,000권의 책을 집필했던 조선 제일 선비였던 것이다.

조선 선비들의 대표적인 공부 비법과 특징을 간단하게 요약하여 정리해 보면 이렇다.

– 메모하고 기록하고 필기하는 공부 _ 다산 정약용, 명재 윤증, 세종대왕.

– 깊이 생각하고 궁리하는 공부 _ 남명 조식. 화담 서경덕, 다산 정약용.

– 반복해서 읽고 습득하는 공부 _ 세종대왕, 성호 이익, 퇴계 이황.

– 입이 아닌 마음으로 읽고 공부 _ 담헌 홍대용. 퇴계 이황, 율곡 이이.

– 중요한 대목은 암기하고 체득하는 공부 _ 담헌 홍대용.

– 언제 어디서든 쉬지 않는 공부 _ 명재 윤증. 퇴계 이황.

– 진리 탐구에 그치지 말고 실천하는 공부 _ 명재 윤증. 담헌 홍대용. 남명 조식,

– 세상에 도움을 주고 편안케 하는 공부 _ 성호 이익, 연암 박지원.

– 말을 적게 하고, 내면을 채우기 위한 공부.

_ 담헌 홍대용. 퇴계 이황. 율곡 이이.

– 큰 사람이 되는 공부 _ 명재 윤증. 율곡 이이, 화담 서경덕,

목차

- 거친 유배 생활에서 학문에 더욱 힘쓰다.
- 실제에 쓸모가 없다면 헛공부다.
- 무겁고 깊은 공부를 하라.
- 공부하지 않으면 변변치 못한 자가 된다.
- 공부할 때 가장 먼저 해야 할 세 가지 일.
- 공부는 천하에 공평한 것이다.
- 독서야말로 인간의 본분이다.
- 독서에도 방법이 있다.
- 메모하고 기록하는 독서를 하라.
- 깊이 생각하는 독서를 하라.

연암 박지원 _ 공부에는 왕도가 따로 없다.

- 하루 공부하지 않으면 얼굴빛이 달라진다.
- 조선 최고의 베스트셀러 작가
- 그의 공부와 글쓰기의 핵심은 '법고창신' 이다.
- 글쓰기는 오직 진실해야 한다.
- 공부의 중요성은 그것의 실용에 있다.

- <허생전>으로 국가경제의 취약성을 고발하다.
- 은택이 천하에 미치는 공부를 하라.
- 공부에는 왕도가 없다.
- 식견이 좁은 자는 모든 것을 부정한다.

담헌 홍대용 _ 배우고 닦지 않으면 발전이 없다.

- 사람도 배우지 않을 수 없는 것이다.
- 구구단을 조선에 소개한 학자.
- 실학과 고학을 지향한 학자.
- 행실에 구차함이 없어야 한다.
- 남을 이기기 위해 공부하지 마라.
- 명예와 이욕에 골몰하는 공부를 경계하라.
- 입이 아닌 마음으로 읽는 독서를 하라.
- 책을 읽을 때는 몸가짐을 바로 해야 한다.

제2권. 조선 최고의 공부 천재들.
타고난 재능이 아니라, 끈기로 공부 천재가 된 선비들

퇴계 이황 _ 오래도록 하는 공부를 하라.

- 16세기를 대표하는 성리학자.
- 살아있을 때부터 유종으로 불린 학자.
- 공부란 수없이 반복하는 것이다.
- 공부란 거울을 닦는 것이다.
- 오래도록 하는 공부를 하라. _ 구원공부(久遠工夫)
- 힘들도록 부지런하게 공부하라. _ 근고공부(勤苦工夫)
- 인격을 위하여 하는 공부를 하라.
- 자기를 위한 공부 vs 남을 위한 공부
- 조급함을 버리고 마음을 비우고 공부하라.
- 후일을 기다리지 말고 지금 당장 공부하라.

율곡 이이 _ 스스로 나태해짐을 경계하고 부단히 노력한 공부의 신.

- 세계에 자랑할 만한 철학자.
- 조선 시대의 공부의 신 _ 구도장원공.
- 자경문으로 스스로를 경계하다.
- 조선시대의 미래학자 _ 변법경장.
- 오래 쌓아나가는 공부를 모범으로 삼아라.
- 사람다운 사람이 되기 위해 공부해야 한다.
- 당연히 해야 하는 것이 공부다.
- 겉으로 꾸미는 말과 자랑하는 것을 경계하라.
- 공부가 힘든 이유는 잘못된 습관 때문이다.
- 공부라는 것은 일상생활과 일 속에 있다.
- 공부하는 사람이 죽을 때 까지 해야 할 세 가지.

– 율곡 이이의 독서법 _ 숙독하고 통달하라.

남명 조식 _ 항상 깨어 사색하는 공부를 하라.

– 박문약례(博文約禮)한 학자
– 사색하는 공부를 강조하다.
– 가르치기 위한 공부보다는 완성을 위한 공부를 하라.
– 성성자(惺惺子)를 이용한 심성수양 공부를 하다.
– 칼을 차고 다닌 선비
– 스스로 하는 공부를 하라.
– 남에게 보이기 위한 학문을 경계하라.
– 참된 앎을 실천하는 공부를 하다.

성호 이익 _ 용맹한 장수처럼 공부하라.

– 18세기 조선 실학과 경제학의 거두.
– 임계점을 돌파하는 공부를 하라. _

취진공부((驟進工夫))

- 세상을 편안하게 하는 공부를 하라.
- 조선의 백과사전을 편찬하다.
- 자만심을 경계하고 날마다 새롭게 되는 공부를 하라.
- 가난은 선비에게 당연한 것이다.

제3권. 조선 최고의 공부와 독서 달인들 죽을 때까지 공부와 독서로 스스로를 완성한 선비들

명재 윤증 _ 쉬지 않는 공부를 해야 성취를 할 수 있다.

- 행함이 없는 공부는 공부가 아니다.
- 쉬지 않는 공부를 해야 이룸이 있다.
- 언제 어디서든 공부하라.
- 기록하는 공부를 하라. _ 차기공부

(箚記工夫)

– 큰 사람이 되는 공부를 하라.

– 끊임없는 벼슬 권유에도 나아가지 않고 공부를 한 학자.

화담 서경덕 _ 공부하면 성인이 될 수 있다.

– 공부하면 성인이 될 수 있다.

– 그침을 알게 되는 공부를 하라.

– 공부란 사물을 궁구하는 것이다.

– 3년 동안 지독하게 공부를 하다.

– 독서보다 사색을 통해 공부하다.

– 굶주림도 공부의 즐거움을 빼앗지 못하다.

– 평생 베옷을 입고 공부하다.

우암 송시열 _ 말을 적게 하는 공부를 하라.

– 말을 적게 하는 공부를 하라. _ '과언공부(寡言工夫)'

서애 유성룡 _ 마음을 다잡는 공부를 하라.

- 공부하는 자에게 중요한 것은 마음이다.

백곡 김득신 _ 조선 시대 최고의 독서가.

- 억 만 번 책을 읽고 성공한 학자.
- 읽고 또 읽는 것이 독서의 최고 비법이다.

청장관 이덕무 _ 규율이 있는 공부를 하라.

- 책만 보는 벽이 있는 사람 _ 간서치
- 평생 2만 권이 넘는 책을 읽다,
- 규율이 있는 공부를 하라.
- 다섯 번씩 읽는 독서를 하라.

혜강 최한기 _ 1,000권의 책을 집필한 조선 제일 선비.

- 1,000권의 책을 집필한 학자.
- 전통적인 학문의 권위에 도전하다.
- 책 보기를 좋아해서 잠 못 이룬 소년.
- 출사보다는 공부를 선택하다.
- 지칠 줄 모르는 탐구와 저술로 새로운 학문을 개척하다.
- 공부의 성과는 공부하는 사람 자신에게 달려있다.
- 공부란 본래 평화로운 것이다.

우리가 알아야 할 선비와 공부의 뿌리

선비란 어떤 사람들이었을까?
공부의 유래를 찾아서
또 다른 공부의 유래들
일본에서 공부의 어원적 의미
영어에서 살펴본 공부의 의미
우리 선조들, 특히 조선 선비들에게
공부란?
꼭 알아야 할 우리 선비들의 공부 비법.

조선 선비들의 대표적인 공부법과 독서법 (요약정리)

insight in 조선 선비 1 _
' 선비가 지켜야 할 36가지 덕목 '

insight in 조선 선비 2 _
' 조선 시대 선비라면 꼭 읽어야 할 책

insight in 조선 선비 3 _
' 조선 시대 선비들의 하루 일과 '

부록

공부 관련 어록

"명색은 책을 읽는다 하면서 실제 몸으로 행하지 못하면 문장을 아름답게 꾸미게 하고 입만 번지르르하게 하는 도구일 뿐이니, 진정한 학문', 즉 참된 공부가 아니다 "

_ 명재 윤증

제3부. 조선 최고의 공부와 독서 달인들.

명재 윤증 _ 쉬지 않는 공부를 해야 성취를 할 수 있다.

“ 쉬지 않는 공부를 한 뒤에라야 나중에 성취를 할 수 있다.”

“ 명색은 책을 읽는다 하면서 실제 몸으로 행하지 못하면 문장을 아름답게 꾸미게 하고 입만 번지르르하게 하는 도구일 뿐이니, 진정한 학문’ , 즉 참된 공부가 아니다 “

“ 이른바 공부는 마음을 경동(驚動)시켜 성질을 참고 견디며, 의(義)를 정밀하게 하고 인(仁)을 익숙하게 하는 일입니다.”

“ 독서하다 의심이 있으면 메모하는 공부가 가장 착실한 것이 됩니다. 그러면 남에게 묻기를 기다리지 않고서도 훗날 스스로 깨닫는 점이 많을 것입니다. 이에 대해 힘을 써야 합니다.”

– 행함이 없는 공부는 공부가 아니다.

명재 윤증은 8세 때 지은 시가 전해져 내려올 정도로 어릴 적부터 뛰어난 글 솜씨를 가지고 있었던 인물이었다. 그런데 그의 그런 글 솜씨가 저절로 된 것이 아니라 그의 열중하는 성품에서 비롯되었다는 사실을 알아야 한다.

그의 그러한 열중하는 성품을 알 수 있게 해 주는 일화들이 적지 않다. 그 중에 하나가 바로 책을 읽을 때 다른 일이 생겨도 책을 먼저 다 읽고 나서 그 일을 한다는 사실을 알려 주는 일화이다.

어느 날 마을에 사슴이 나타나 또래 아이들은 모두 구경하느라 난리가 나고 시끄러웠다. 하지만 윤증은 책을 읽고 있는 중이었다. 그래서 그는 이미 처음에 목표로 한 횟수를 포기하지 않고 끝가지 다 읽었고, 그 후에 사슴을 구경하기 위해 방 밖으로 나왔다는 것이다. 그 때는 이무

사슴이 사라진 지 한 참이 지난 후였던 것이다.

이러한 그의 성품과 심지가 굳은 일화들은 [노종사록(魯宗史錄)]에 기록된 윤증의 약사(略史)를 통해 잘 알 수 있다고 한다.

명재 윤증은 가르침을 받고자 찾아오는 이들에게 아랫 단계로부터 차근차근 배워서 윗 단계까지 올라가야 쓸모 있는 지식을 습득하게 된다고 주의를 주었다.

또한 제자들에게는 반드시 그들이 배울 준비가 되어 있을 때 가르쳐 주었고, 그들의 수준에 맞추어 쉽게 설명해 주었다. 그는 제자들에게 다음과 같은 말을 늘 하였다.

"명색은 책을 읽는다 하면서 실제 몸으로 행하지 못하면 문장을 아름답게 꾸미게 하고 입만 번지르르하게 하는 도구일 뿐이니, 진정한 학문', 즉 참된 공부가 아니다 "

그의 말처럼 그는 공부란 몸으로 행하는 것이지 지식만 쌓는 그런 도구가 아니라는 사실을 늘 강조해 왔음을 알 수 있다.

명재 윤증의 공부하는 모습은 어땠을 까? 그는 단정한 자세로 조금의 흐트러짐도 없이 책을 읽었다고 한다.

" 윤증이 책을 읽은 때에는 반드시 옷깃을 여미고 단정히 꿇어앉아서 책상을 마주 대하여 나지막한 소리로 읊조리고, 간혹 마음에 꼭 맞는 구절을 만나면 큰 소리를 내어 낭송할 때도 있었다." < 김건우, [옛사람 59인의 공부 산책], 124쪽 >

몸으로 행함이 없으면 공부가 아니라고 말하는 명재 윤증은 또한 공부를 할 때의 몸가짐을 매우 강조했다.

– 쉬지 않는 공부를 해야 이룸이 있다.

명재 윤증은 공부를 함에 있어서 중단해서는 안된다고 강조한다. 즉 쉬지 않는 공부를 해야 이룸이 있다고 다음과 같이 피력한 적이 있다.

“ 성현의 글을 반드시 다 읽은 뒤에라야 돌이켜 자신을 예에 맞게 단속하는 점을 말할 수 있다. 쉬지 않는 공부를 한 뒤에라야 나중에 성취를 할 수 있다.” < 최석기, [우리가 꼭 알아야 할 공부], 61쪽 >

그의 말처럼 쉬지 않는 공부를 해야 한다. 공부뿐만이 아니라 모든 일에 있어서 쉬지 않고 꾸준히 나아가는 사람만이 무엇인가를 이룰 수 있게 된다.

수적천석(水滴穿石)이란 말이 있다. 물방울이 단단한 바위를 뚫는 다는 말이다. 이 말을 필자는 매우 좋아한다.

[중용]에는 '백천지공(百千之工)'이라는 말이 나오는데 필자가 이 말도 매우 좋아 한다.

이 말은 '남이 한 번에 능히 하면, 나는 열 번을 하고, 남이 열 번에 능히 하면 나는 천 번을 한다. 그러므로 배우지 않으면 그만이지만, 만일 배운다면 능하지 못하면 절대 중단하지 말아야 한다'라는 의미를 가지고 있는 문장이다.

필자가 학창 시절에 암기하면서 까지 좋아했던 영어가 있다. 그것도 바로 쉬지 않고 꾸준히 하는 것에 대한 금언이다.

' Slow and steady wins the race '

천천히 꾸준히 하면 결국 이기게 된다는 말이다. 경쟁 사회를 떠나서 천천히 꾸준히 하는 사람들은 무엇인가를 이룰 수 있다고 필자는 생각하고 있기에 이 말을 좋아할 수밖에 없다.

– 언제 어디서든 공부하라.

명재 윤증 선생의 공부론에서 주목해야 할 점은 언제 어디서든 공부를 해야 한다는 주장일 것 같다. 즉 공부는 시간이나 공간의 제한을 받아서는 안 된다는 것이 명재 선생의 지론인 것이다.

바로 이런 이유에서 시간이 없어서 공부를 못 한다고 하는 사람이나 공부할 장소가 없어서 공부를 못 한다고 하는 사람은 모두 핑계에 불과하다는 사실을 알아야 한다. 똑같은 시간과 장소에서 공부를 하는 사람이 있기 때문이다.

이러한 사실에 대해 명재 선생이 주장한 글이 [명재유고(明齋遺稿)]에 실려 있는 데, 이것을 번역하여 소개된 책을 통해 알 수 있다.

" 어느 때 어느 곳에서든지 스스로 공부를 함

이 있어야 한다. 그래서 나의 존양(存養)하고 성찰(省察)하는 공부로 하여금 일상생활 속에서 해이해지지 않게 하면, 도에서 잠시도 벗어나지 않을 것입니다." < 최석기, [우리가 꼭 알아야 할 공부], 76쪽 >

그는 또 같은 책에서 이렇게 말한 부분을 찾을 수 있다.

" 이 마음이 진실로 배움에 대해 잊지 않는다면, 어느 때 어느 곳에서든지 저저로 공부가 있을 수 있네, 만나는 바를 따라 강구(講究)하고, 일에 따라 체인(體認)하면 또한 배움 아닌 것이 없을 걸세. 걱정스러운 점은 의지를 굳게 세우지 못하면 바로 잊게 된다는 것일세."

< 최석기, [우리가 꼭 알아야 할 공부], 76쪽 >

명재 윤증 선생은 자신의 이 말대로 언제 어디서든 공부를 하고자 했고, 그것을 실천했던 인

물이다. 그래서 그는 사람이 병이 났을 때도 병중의 공부가 있고, 말을 탔을 때에도 마상공부(馬上工夫)가 있고, 심지어 길을 걸을 때에도 그에 합당한 공부가 있다고 말한적이 있다.

‘병중에는 병중공부(病中工夫)가 있고, 말을 탔을 때에는 마상공부(馬上工夫)가 있다. 심지어는 벼개 머리, 측간, 좌중(坐中), 와중(臥中), 실천할 때, 걸을 때에도 각기 그에 합당한 공부가 있다. 어느 곳인들 공부하는 곳이 아니겠는가?’

< 최석기, [우리가 꼭 알아야 할 공부], 80쪽 >

현대인들은 정말로 언제 어디서든 휴대폰으로 인터넷을 할 수 있고, 네트워크에 연결되어 있다. 그래서 혼자 있어도 사실은 함께 있는 것과 다를 바 없다. 그런데 명재 윤증 선생은 공부를 그렇게 해야 할 것을 강조했다. 그래서 병중공부, 마상공부, 벼개 머리 공부, 좌중 공부, 와중

공부, 길을 걸어 갈 때 공부 등과 같은 것들이 있다는 것이다.

'언제 어디서든 공부' 하는 사람이 정말 학자가 아닐까? 그리고 공부하는 사람이 아닐까? 필자는 공부의 성과나 완성보다 더 중요한 것이 바로 공부를 대하는 자세, 공부를 하는 모습이라고 생각한다.

버스나 지하철 안에서도 책을 보는 사람들이 훌륭한 독자임은 말할 필요도 없듯이, 언제 어디서나 공부를 하는 사람들이 훌륭한 공부인임을 말할 필요도 없을 것이다.

– 기록하는 공부를 하라. _ 차기공부(箚記工夫)

명재 윤증 선생은 공부를 하다가 의심이 생기면 반드시 기록하라고 조언을 한 바 있다. 자신이 모르는 것을 기록해 놓으면 다시 그 사실에 대해 궁리를 하게 되고, 언젠가는 스스로 터득하는 경우도 있게 되기 때문이다.

이러한 사실에 대해서 명재 선생의 [명재유고]에 보면 이렇게 기록되어 있음을 알 수 있다.

" 독서하다 의심이 있으면 메모하는 공부가 가장 착실한 것이 됩니다. 그러면 남에게 묻기를 기다리지 않고서도 훗날 스스로 깨닫는 점이 많을 것입니다. 이에 대해 힘을 써야 합니다."

< 최석기, [우리가 꼭 알아야 할 공부], 207쪽, [명재유고(明齋遺稿)], 25권 >

자신의 모르는 것, 의문이 가는 것을 기록하게

되면 나중에라도 바로 친구나 스승에게 질문을 할 수가 있고, 친구나 스승을 만날 수 없는 경우라 해도 스스로에게 끊임없이 질문을 던질 수 있고, 그로 인해 사유를 하게 되고 궁리를 하게 되기 때문에 결국에는 깨닫게 될 확률이 매우 높은 것이다.

명재 윤증 선생은 공부를 하다가 모른 것이 나오면 메모를 하는 차기공부(箚記工夫)에 대해 다음과 같이 추가적으로 말한 적이 있다.

" 무릇 책을 보다가 의심이 생기거나 일을 하다가 의심이 들면 손 가는 대로 메모를 해 두었다가 남에게 물어보십시오. 터득하는 것이 있으면 또한 메모했다가 뒤에 살펴보는 자료로 삼으십시오. 메모하는 공부는 매우 좋습니다. 의심이 있거나 터득함이 있는데 이를 방치하면 잊어버리게 되며, 끝내는 득력할 곳이 없게 됩니다. 시험 삼아 노트 한 권을 마련해 이런 공부를 해 보는 것이 어떻습니까? 훗날 만났을 때, 그

대가 공부한 것을 알 수 있을 것입니다. 옛날 사계(沙溪)선생께서 이런 공부를 하셨습니다. 스승이나 벗들에게 들은 것을 하나하나 기록해 둔 것이 오늘날 전하는 [경서변의(經書辨疑)]입니다. 이는 후학들이 본받아야 할 점입니다.”
< 최석기, [우리가 꼭 알아야 할 공부], 210쪽, [명재유고(明齋遺稿)], 27권 >

명재 선생은 의문이 가고 모르는 것만 기록하라고 당부하시는 것이 아니었다. 새롭게 터득하고 깨닫게 된 것도 또한 기록하라고 조언하시는 것이다.

의문이 가는 것과 스스로 터득한 것을 모두 기록해 놓음으로서 훌륭한 책이 된 경우인 사계(沙溪) 김장생(金長生)의 [경서변의(經書辨疑)]란 책의 경우를 빼 놓지 않고 덧붙여 설명하고 있다.

이처럼 독서를 하다가 그때그때 떠오르는 생

각들, 깨달은 것들, 의심나는 것들을 모두 메모해 둔 독서록은 또한 훌륭한 책이 된다. 이익의 [성호사설]이라는 총서가 바로 그런 방식으로 책이 되었던 것이다.

이러한 방식으로 책이 되는 경우는 지금도 흔하다. 어느 유명한 작가의 독서록은 곧바로 책이 되어 나온다. 이런 책들은 쓰기가 쉬울 뿐만 아니라 독자 입장에서는 읽기도 쉽다. 그날그날의 생각이 단편적으로 쓰이기 때문에 이런 책은 아무데나 펼쳐서 읽고 사색하면 되는 책들이기 때문이다.

– 큰 사람이 되는 공부를 하라.

명재 윤증 선생은 조용한 방에 정좌(靜坐)하여 책을 보는 공부를 할 때 마음을 흔들지 말고 정밀히 생각하여 마음을 안정시키고 마음속에 새기는 그런 공부를 하라고 조언해 준 적이 있다.

그의 시문집인 [명재유고]에 보면 이런 내용이 나온다.

" 마음을 보존하는 법이 이른바 경(敬)이다. 일이 없을 적에는 정좌(靜坐)하여 번뇌와 잡념이 가슴속에서 스스로 일어나지 말게 하며, 일이 있을 적에는 그에 응하고 일이 끝나면 다시 정좌하거라. 정좌할 적에는 책을 보는 공부가 있다. 책을 볼 적에 섭렵하여 빨리 보려하면 도리어 마음을 흔들리게 할 수 있다. 과정을 세우고 하루의 역량을 헤아려 한 장(章)을 읽든지, 혹은 두세 장을 읽든지 하라. 익숙히 읽고 정밀히 생각하여 심신에 체인하라. 오늘 이와 같이

하고, 내일 이와 같이 하여 그 생각을 잊지도 말고 조장하지도 말면, 자연히 마음이 안정되어 글도 맛이 있을 것이다." < < 최석기, [우리가 꼭 알아야 할 공부], 210쪽, (윤증, [명재유고(明齋遺稿)], 권28 >

마음을 안정시키고, 마음에 새기고, 마음을 다잡는 이러한 공부를 그가 강조한 이유는 큰 사람이 되기 위해서는 무엇보다 마음에 요동이 없어야 하기 때문일 것이다.

맹자의 고자장구하(告子章句下)에 보면 다음과 같은 문장이 나온다.

"하늘이 장차 어떤 사람에게 큰일을 맡기려고 할 때는 반드시 먼저 그의 마음을 괴롭게 하고 뜻을 흔들어 고통스럽게 하고, 그 몸을 지치게 하며 육신을 굶주리게 한다. 또한 생활을 곤궁하게 하여 하는 일마다 뜻대로 되지 않게 한다. 그러한 이유는 이로써 그 마음의 참을성을 담금

질하여 비로소 하늘의 사명을 능히 감당할 만하도록 역량을 키워서 전에는 이룰 수 없던 바를 이룰 수 있도록 하기 위함이니라.”

하늘이 누군가에 큰 대임을 맡기기 위해서는 먼저 그 사람을 큰 사람으로 키우기 위해서 무엇보다 마음을 괴롭게 하고 흔들어 놓는 다는 것이다. 결국 큰 사람일수록 마음이 쉽게 요동치 않고 평상심을 유지할 수 있는 그런 사람인 것이다.

즉 큰 사람이란 체력이 강한 사람이 아니라 마음이 강하고 평상심을 유지할 수 있는 그런 사람이라고 말할 수 있을 것이다.

명재 윤증 선생은 같은 책에서 ‘공부란 바로 이런 것을 하는 일’ 이라고 명확하게 말한 적이 있다. 그가 말한 공부는 한 마디로 ‘ 자신의 큰 사람으로 만들어 나가는 일’ 인 것이라고 볼 수 있을 것이다.

그가 말한 공부의 정의는 이것이다.

" 이른바 공부는 마음을 경동(驚動)시켜 성질을 참고 견디며, 의(義)를 정밀하게 하고 인(仁)을 익숙하게 하는 일입니다." < < 최석기, [우리가 꼭 알아야 할 공부], 210쪽, [명재유고(明齋遺稿)], 권25 >

다시 말해, 현대적으로 쉽고 간단하게 표현하자면 명재 윤증 선생이 생각하는 공부는 한 마디로 ' 성인군자, 즉 큰 사람이 되는 것' 이다. 이 말은 다시 말해 세상에 이름을 알리고, 출세하는 그런 공부가 아니라 자신을 향상시키고 키우고 성장시키는 그런 공부가 진짜 공부라는 말이기도 할 것이다.

– 끊임없는 벼슬 권유에도 나아가지 않고 공부를 한 학자.

명재 윤증 선생은 평생 동안 따라 다니던 것이 있었다. 바로 끊임없는 벼슬 권유였다. 즉 관직과 출세에 대한 유혹이 끊임없이 있었던 것이다. 하지만 그는 이를 번번이 사양하고, 모든 힘과 정신을 독서와 저술과 후생을 가르치는 일에만 쏟았던 학자였다.

이런 사실에 대해 상세하게 알 수 있는 대목을 읽어보자.

" 관직에 대한 유혹이 없었던 것은 물론 아니었다. '행장' 에 따르면, 서른여섯에 학행으로 내시교관에 제수된 것을 기점으로 여든하나에 우의정에 제수될 때까지, 공조좌랑, 사헌부의 지평과 장령, 집의, 경연관, 호조참의, 이조참의, 한성우윤, 대사헌, 이조참판, 공조판서, 의정부의 우참찬, 좌참찬, 좌찬성, 성균관의 제주, 이조판서 등 각종 현직에 대한 직첩이 내렸을 만큼, 그는 여러 차례에 걸쳐 부름을 받았다.

그러나 그는 이를 번번이 사양하고, 정력을 오직 독서와 저술과 후생을 가르치는 일에만 쏟는다. 그리고 내려오는 교지를 사양할 때는 다른 선비와 마찬가지로 그 역시 사직상소를 올리게 되는데, 아마도 그는 조선5백 년 동안 이것을 가장 많이 쓴 사람이 아니었던가 싶을 만큼 매우 빈번하다. 우의정을 받고 올린 것만도 열여덟 번, 그리고 판중추부사로 전임이 된 뒤에도 7~8차에 달하고 있으니, 소시 적부터 올린 것을 모두 합치면 아마 수백 통은 될 것이다.

따라서 그의 우의정 직첩까지 받고서도, 한 번도 대궐 안에 들어가 본 일이 없는 사람이기도 하다. 동시에 임금 역시 그의 모습이 어떤지 자못 궁금하게 여겼다는 일화도 있다. "

< 정광호, [선비, 소신과 처신의 삶], 174 ~ 175쪽 >

명재 윤증 선생에 대한 일화 중에 재미있는 것

이 바로 이것이다. 조선 5백년 역사 동안에 사직상소를 가장 많이 올리고 쓴 사람이라는 것이다. 그만큼 끊임없이 벼슬을 하사하는 교지가 빈번하게 내려왔다는 것이다.

그럼에도 불구하고 사직상소를 올렸기 때문에 한 번도 대궐 안에 들어가 본 적도 없고, 임금을 만난 적도 없는 그런 신비로운 사람이라는 점이다.

명재 윤증의 삶을 통해 진정한 학자의 모습을 필자가 느낄 수 있는 것은 최근에 새로운 정부가 들어서면서 장관 후보자로 내정된 사람들을 보면, 인품과 능력이 안 되면서도 끝까지 권력에 대한 집착으로 스스로 물러나지 않거나 사양하지 않는 것을 볼 때, 지금 이 시대는 너무 많은 이들이 공부는 최소한으로 작게 하고, 그 성과나 결과를 최대한으로 많이 보려고 하는 그런 경제적 관념에 사로 잡혀 있다는 점에서 더욱 더 명재 윤증의 삶이 고결하고 청렴하고 깨끗하다고 느낄 수밖에 없다는 것이다.

한국 사회가 좀 더 좋은 사회가 되고, 복지 사회가 되기 위해서는 공직에 나가는 사람들은 말할 것도 없고, 모든 사람들이 인격을 수양하고 지식을 확장시키고, 의식을 향상시키는 그런 공부를 해야 한다고 필자는 생각한다.

근대 일본을 세계 경제 강국으로 만든 것은 '독서를 통한 공부' 였다고 필자는 생각한다.

한국이 더욱 더 좋은 사회가 되기 위해서는 한국인들이 책을 많이 읽는 공부를 해야 한다고 생각한다.

“ 군자가 공부를 귀히 여김은, 공부를 통해 그침(止)을 알게 되기 때문이다. 공부를 하고도 그침을 모른다면 공부하지 않은 것과 무엇이 다르겠는가.” _ 화담 서경덕

화담 서경덕 _ 공부하면 성인이 될 수 있다.

"도는 사람에게서 멀리 있지 아니하나니, 공부하면 성인이 될 수 있다."

"군자가 공부를 귀히 여김은, 공부를 통해 그침(止)을 알게 되기 때문이다. 공부를 하고도 그침을 모른다면 공부하지 않은 것과 무엇이 다르겠는가."

'공부하는 데 있어 사물을 궁구하는 것을 먼저 하지 않는다면 독서를 한들 무슨 소용이 있겠는가!'

"옛 사람이 말하기를 '생각하고 또 생각하면 귀신이 통하게 해준다.'라고 했는데, 귀신이 통하게 해주는 게 아니라 마음이 스스로 통하는 것이다."

"나의 학문(공부)은 모두 스스로 고심하고 온 힘을 다해 얻은 것이다."

– 공부하면 성인이 될 수 있다.

화담 서경덕은 도를 깨치는 것이 그렇게 어렵지 않고 멀리 있지 않다고 말한다. 그래서 공부를 하면 누구나 성인이 될 수 있다고 말한다.

" 도는 사람에게서 멀리 있지 아니하나니, 공부하면 성인이 될 수 있다."

< 박희병, [선인들의 공부법], 94쪽 >

또한 그는 성인과 범인의 차이는 마음을 닦는 데 있어서 얼마나 부지런한가에 달려 있다고 한다. 화담 선생은 이황과 동시대 인물이었지만, 이황의 공부 스타일과 매우 달랐다. 그 이유 중에 하나는 그의 집안이 몹시도 가난했기 때문이라고 할 수 있다.

이황은 책을 충실히 읽음으로써 도를 체득해갔다, 하지만 서경덕은 사색을 통해 도를 체득해 나갔다. 그리고 이황은 책을 통해 얻은 깨달음을 현실 세계에서 적용했다면, 서경덕은 사색을 통해 얻은 깨달음을 성현의 책을 통해 확인해 갔던 것이다.

소크라테스는 다음과 같이 말한 적이 있다 " 남의 책을 많이 읽어라, 남이 고생한 것을 가지고 쉽게 자기 발전을 이룰 수 있다." 고 말이다. 이황은 남의 책을 많이 읽었고, 그 덕분에 쉽게 자기 발전을 이루었다고 할 수 있다. 화담 서경덕에 비하면 말이다.

하지만 화담 서경덕은 어진 스승도 만나지 못했고, 책도 많이 읽을 형편이 못 되었다. 결국 고생을 많이 했던 것이다. 이런 사실에 대해 화담은 이렇게 말하기도 했다.

" 나는 젊은 시절에 어진 스승을 만나지 못해 공부에 헛된 힘을 많이 썼다. 공부하는 이들은 이런 나를 본받아서는 안 될 것이다." < 박희병, [선인들의 공부법], 96쪽 >

하지만 그가 어진 스승을 만나지 못 한 것은 세상에 통달한 선비가 없었기 때문이라고 할 수 있다. 그에 대해 전해 내려오는 어렸을 때 일화를 살펴보면 이 사실을 잘 알 수 있다.

" 서경덕은 송도 사람으로, 여러 대에 이르러 가문이 보잘것없고 집도 가난하였다. 일찍이 [서경(書經)]을 읽다가 '1년은 366일' 이라는 주석을 보고 거듭 생각했으나 쉽게 풀리지 않았다. 그리하여 어떤 늙은 선비가 경서에 밝다는 소문을 듣고 그를 찾아가 가르침을 청했다. 그러나 늙은 선비는 우물쭈물하며 말했다.

'나도 그 대목에 이르러 수많은 사람들에게 물어보았으나 늙은 스승이나 나이 많은 선비라 하더라도 아는 사람이 없었다. 그리하여 나 또한 배우지 못하였다.'

서경덕은 집으로 돌아와 탄식하며 말했다.

' 세상에 통달한 선비가 없으니 이 나라의 도는 사라졌구나! "

서경덕은 그 대목을 뜯어 벽에 붙여놓고 침식까지 잊으며 15일 동안 탐구하여 마침내 그것을 터득하게 되었다. 이때 그의 나이 열일곱이었다. 이후 그는 혼자 독학하여 명성이 날로 빛났는데 그를 추앙하여 배우러 찾아오는 사람들이 비록 천 리를 떨어져 있다 하더라도 멀게 여기지 않았다. 당대의 명망 있는 선비들이 대부분 그를 만나보고 가르침을 받을 정도였다. "

< 이용범, [인생의 참 스승, 선비], 17 ~ 18쪽 >

- 그침을 알게 되는 공부를 하라.

화담 서경덕 선생은 공부를 했다면 그침을 알게 되어야 한다고 말했다. 그래서 이런 말을 했다.

" 군자가 공부를 귀히 여김은, 공부를 통해 그침(止)을 알게 되기 때문이다. 공부를 하고도 그침을 모른다면 공부하지 않은 것과 무엇이 다르겠는가." < 박희병, [선인들의 공부법], 94쪽 >

[지학, 멈춤의 지혜]란 책을 보면 '멈춤'에는 깊은 의미가 함축되어 있다고 말한다. 하나의 큰 지혜로서 결코 아무것도 하지 않는 '정지'가 아니라, 때에 따라 변화하면서 승리를 성취하는 묘법이라는 것이다. 그리고 사리에 깊이 부합하여 물러남과 멈춤 속에서 나아감과 전진을 구하는 그런 처세의 철학이기도 하다고 이 책의 저자인 마수추안을 말하고 있다.

멈추지 말고 나아가라고만 배웠다면 인생 공부를 다시 하라고 마수추안은 말한다.

'큰 지혜는 멈춤을 알고, 작은 지혜는 계략만 안다.'

'많은 사람들이 이득을 좇기 때문에 행복이 적고, 현자는 공로를 양보해서 명망이 높다.'

'높은 재능이 지혜는 아니니, 지혜로운 사람은 스스로를 드러내지 않는다.'

이러한 말들을 통해서도 멈추는 것이 왜 중요한지를 알 수 있다. 한국 사회에는 앞으로 전진하고 일만 할 줄 알지 멈추고 휴식하고 놀 줄 몰라서 큰 문제가 야기되고 있다. 경제 성장은 세계적으로 찾아 볼 수 없을 만큼 빨리 했지만, 이혼율이 최고 수준으로 높고, 자살률도 또한 그렇다.

필자의 생각에는 이것이 모두 '그침'을 모르고 있기 때문이다. 일만 너무 많이 하고, 제대로 쉬거나 휴식을 취하거나 놀지 못 하기 때문이다. 특히 남성의 경우는 더 심하다고 할 수 있다. 회사 생활을 하면서 정말 열심히 평생 앞만 달리다가 퇴직을 하게 되면 그 때부터 진짜 방황이 시작되는 것이다.

중간 중간에 조금씩 멈추고 자신과 인생을 성찰하고 멈출 줄 아는 지혜는 인생을 좀 더 훌륭하게 살아가기 위해 반드시 필요한 것이라고 생각한다.

화담 서경덕 선생은 공부를 제대로 한 사람이면 멈춤을 안다고 말했다. 바로 이러한 이유 때문에도 공부는 필요하다고 할 수 있을 것이다.

– 공부란 사물을 궁구하는 것이다.

서경덕은 18세 때 대학을 읽다가 공부란 사물을 궁구하는 것이라는 깨달음을 얻었다고 한다.

“ 선생께서는 18세 때 [대학]을 읽다가 ‘앎을 이루는 것은 사물을 궁구함에 있다.’ 라는 구절에 이르러 개연히 탄식하기를,

‘ 공부하는 데 있어 사물을 궁구하는 것을 먼저 하지 않는다면 독서를 한들 무슨 소용이 있겠는가!’

라고 하였다. 이에 천지만물의 이름을 모두 써서 벽에다 붙여두고는 날마다 그 이치를 궁구하기를 일삼아서, 한 사물의 이치를 궁구하여 깨달은 이후에야 다시 또 다른 사물의 이치를 궁구하였는데, 만일 그 이치를 궁구하지 못하면 밥을 먹어도 그 맛을 알지 못하고 길을 걸어도 그 가는 곳을 알지 못했으며 심지어는 뒷간에

가더라도 일을 보는 것을 잊을 정도였다. 혹 며칠씩 잠을 자지 않다가 때로 눈을 붙이면 꿈속에서 그때까지 궁구하지 못했던 이치를 깨닫기도 하였다." < 박희병, [선인들의 공부법], 101 ~102쪽 >

화담 선생은 또 이런 말도 했다.

" 옛 사람이 말하기를 '생각하고 또 생각하면 귀신이 통하게 해준다.' 라고 했는데, 귀신이 통하게 해주는 게 아니라 마음이 스스로 통하는 것이다. " < 박희병, [선인들의 공부법], 97쪽 >

즉 생각을 하고 또 생각을 하며 스스로 깨닫게 된다는 것이다. 그래서 화담 선생은 공부란 사물을 궁구하는 것인데, 그것은 결국 스스로 고심하여, 노력을 하여 얻는 것이라고 말했다.

" 나의 학문(공부)은 모두 스스로 고심하고

온 힘을 다해 얻은 것이다."

< 박희병, [선인들의 공부법], 95쪽 >

그래서 화담 서경덕 선생의 공부는 한 마디로 마음으로 생각하고 생각하여 사물에 대해 밝히 깨닫고 보게 되는 것이다. 그리고 그 방법은 스스로 깨닫고 얻는 것이기 때문에 자득(自得)이라고 할 수 있다.

이것이 바로 화담 서경덕 선생의 공부의 요체인 것이다.

사색을 통한 정진과 스스로 깨닫는 자득이 그의 공부론인 것이다. 그래서 그는 이런 말도 한 것임을 알 수 있다.

" 학문에 있어 중요한 것은 이치를 밝게 보고 일을 정밀하게 처리하는 것이다."

< 박희병, [선인들의 공부법], 93쪽 >

– 3년 동안 지독하게 공부를 하다.

화담 서경덕 선생의 공부의 모습을 알고 나서 정말 필자는 많이 놀라지 않을 수 없었다. 다산 선생이 18년 동안 유배지에서 공부에 전념한 결과 복사뼈가 세 번이나 구멍이 날 정도였지만, 화담 선생도 놀라운 집중력으로 지독한 공부를 3년 동안 했다고 한다.

화담 선생이 얼마나 지독한 3년 공부를 했는지 잘 알 수 있는 대목을 발견했다.

“ 비록 옛 사람이 3년 동안 방 밖을 나가지 않고 겨울에는 화롯불을 쬐지 않고, 여름에는 부채도 없이 공부했다고 하나 이보다 더하지는 않았을 것이다. 당시 선생의 연세는 20세였는데, 밤낮을 가리지 않고 더위와 추위를 불문한 채 한 방에 꼿꼿이 앉아 있기를 3년 동안 하였다. 타고난 기운이 본래 강인하기는 했지만, 사색을 너무 지나치게 해 마침내 병이 생겨 문 밖을 나설 수 없게 되었다. 그러나 사색을 안 하려고 해도 또한 되지 않았다. 이렇게 하기를 또 3년 만에 병이 서서히 나았다. 그리하여 전후 6년 동안에 이치를 궁구하지 않은 사물이 없었지만, 오직 이치의 본원만큼은 아직 한 꺼풀이 가로막혀 있었는데 이때에 이르러 모두 깨달았으니 당시 선생의 연세 고작 24.5세였다. ”

< 박희병, [선인들의 공부법], 102쪽 >

3년 이란 숫자는 매우 의미심장한 숫자가 아닐 수 없다. 필자는 이 사실을 잘 알고 있다. 누

구보다 말이다. 왜냐하면 필자의 인생을 바꾼 시기가 바로 정확히 3년이기 때문이다.

필자가 평범한 직장인으로 11년 동안 직장생활을 한 후 작가로서의 제 2의 인생을 살 수 있게 된 결정적인 토대가 되어 준 것인 바로 3년 동안의 집중 독서였기 때문이다.

작가가 되겠다는 목표나 생각도 전혀 하지 않은 상태에서 그저 자유롭게 마음껏 책 읽는 재미에 빠져서 3년 정도를 책만 읽게 되자 어느 날 물통에서 물이 다 차면 저절로 흘러넘치듯 그렇게 글들이 흘러 넘쳐서 자연스럽게 글을 쓰는 사람이 되었던 것이다.

그런데 그 기간이 바로 3년 이라는 사실에 주목해야 한다. 왜냐하면 필자가 이런 경험을 한 후에 가만히 생각해 보니 3년 이란 세월 동안 독서와 공부를 통해 인생이 바뀐 사람이 적지 않다는 사실을 발견했기 때문이다.

믿기 힘들겠지만 알게 모르게 3년 독서의 법칙을 실천하여 인생이 바뀐 인물로 소프트 뱅크의 손정의 회장, 민들레 영토를 만든 지승룡 소장, 일본의 저술왕 나카타니 아키히로, 이문열 작가, 시골 의사로 불리는 박경철 원장, 13억 중국인을 하나로 만든 중국의 국가 주석이었던 모택동, 교보문고 창립자 신용호 선생 등을 들 수 있고, 이분들이 아니더라도 따지고 보면 3년을 전후로 한 기간동안 집중적으로 공부나 독서를 통해 큰 자기 발전을 이룩하여 자신의 성공적인 삶의 토대를 만든 사람들이 어디 한 두 명 뿐일까?

필자가 [기적의 인문학 독서법]이란 책에서 소개했던 3년 독서의 법칙 중 일부를 간단하게 소개 하면 이렇다.

일본 IT의 산 역사가 된 소프트 뱅크의 손정의 회장은 어린 시절 '조센징' 이라는 놀림을 받으면서도 차별이 심한 일본에서 '인터넷 황제' 가 되었다. 가난한 탄광노동자의 손자로 태어난 그가 일본제일 부자라는 명칭이 따라 다닐 정도로 큰 성공을 이룩할 수 있었던 원동력은 다름 아닌 '3년 동안의 집중적인 독서 경험' 이었다.

그는 20대 후반의 나이에 3년 동안 간염으로 입원하여 투병생활을 하였다. 아무것도 할 수 없어서 빈둥거리다가 책을 한번 제대로 읽어보자는 생각이 들기 시작했다고 한다. 그래서 그 날부터 책만 읽었다는 것이다. 3년 동안 4000권의 책을 읽었다고 한다. 그리고 그 독서 경험 덕분에 인생의 큰 계획과 그림을 그릴 수 있었다고 그는 말한다. 그 3년의 독서 공부가 그의 평생 동안의 성공의 토대가 되어주었다고 필자는 생각한다.

많은 이들에게 안락한 휴식처를 제공하는 민들레 영토를 만든 지승룡 소장은 목회를 실패

하고, 이혼을 하고, 사회의 낙오자가 되어 방황을 하던 시절이 있었다. 누군가를 만나는 것 또한 버거웠다. 인생의 패배자로 밑바닥을 경험하던 그 시절에 그는 어떻게 해서 다시 재기에 성공하여 지금은 중국과 미국에도 진출을 하는 토종 카페의 대표로 성공의 길을 갈 수 있게 된 것일까? 그로 하여금 낙오자에서 성공한 사업가로 인생 역전을 가능하게 해 준 것은 무엇이었을 까?

그것은 다름 아닌 '3년 동안의 집중 독서'였다.

" 그 무언가가 절실하게 필요했다. 그때 생각난 게 책이었다. 3년 동안 2,000권의 책을 읽다…….

< [민들레영토 희망스토리], 3~4쪽 >

" 36세의 내가 무엇을 해야 하는지 고민을 하는 동안 시간은 속절없이 흘러갔다. 나는 3년

동안 도서관에서 책을 읽으면서 스스로 운명을 바꾸었다.” < [민들레영토 희망스토리] 25쪽 >

불우한 환경과 형편, 건강문제 등으로 인해 초등학교조차도 제대로 졸업하지 못 한 대산 신용호 선생은 어떻게 해서 한국의 교육보험과 서점의 역사가 된 교보생명과 교보문고의 창립자가 될 수 있었을 까? 정규교육을 제대로 받지 못 한 그로 하여금 큰 성공을 할 수 있도록 해 준 것은 무엇일까?

그것은 그가 선택한 천일독서(千一讀書), 즉 ‘3년 동안의 집중 독서’ 였다.

일본의 저술왕 나카타니 아키히로는 우리에게도 잘 알려진 베스트 셀러 작가이다. [20대에 하지 않으면 안 될 50가지] [30대에 하지 않으면 안 될 50가지] [면접의 달인] 등 그의 책 제목을 들으면 한 번쯤은 읽어 본 적이 있는 책들일 것이다. 그는 소설가에, 광고 기획자에, 텔레비전 MC에, 드라마에, 버라이어티 쇼에, 라디오에 출연할 정도로 많은 일을 해 내면서도 한 해 평균 60권 안팎의 책을 써 내는 다작가이다. 과연 그는 어떻게 이 많은 일들을 해 낼 수 있는 것일까? 어떻게 베스트셀러 작가가 될 수 있었던 것일까?

그의 원동력은 '3년 동안의 집중 독서' 라고 할 수 있다. 그는 사실 3년 동안 3,000권을 읽었고, 여기에 1년 더 읽어서, 대학 4년 동안 4,0000권의 책을 독파해 낸 사람이었다.

시골 의사로 불리는 박경철 원장은 의사이면서도 어떻게 베스트 셀러 작가가 될 수 있었던 것일까?

그의 원동력도 역시 '3년 동안의 집중 독서' 라고 할 수 있다.

그는 중학교 3년 동안 수업만 끝나면, 도서관으로 달려가서 새벽까지 닥치는 대로 책을 다 읽어 버리는 폭발적인 집중 독서 경험을 가지고 있는 인물이었다. 평범한 자신과 같은 사람이 책을 한 권이라도 써 낼 수 있는 원동력의 8할이 바로 독서 때문이었다고 그는 말한다.

한국 역사상 최초로 노벨상을 수상하게 된 김대중 전 대통령은 독재와 탄압 속에서도 놀라운 정신력으로 이겨내고, 대통령이 되어, 한국의 '민주'와 '통일'이라는 큰 업적에 한 획을 그었다. 뿐만 아니라, 자신을 탄압한 전 대통령에 대해 어떠한 정치적 보복도 하지 않는 금도(襟度)를 보여 주었다. 한 마디로 한국 역사의 큰 인물이며, 세계적인 인물이다. 그로 하여금 역사적인 거인이 되게 해 준 원동력은 무엇이었을 까?

그것은 바로 '3년 동안의 집중 독서 경험'

이다.

그의 자서전을 보면 그는 4년여의 감옥 생활을 통해 아무런 구애를 받지 않고 독서에 몰입할 수 있었던 그 경험을 통해 보석과 같은 삶의 진리를 체득할 수 있었다고 밝히고 있다.

대학교 4학년 때 불치병인 '근육무기력증' 이라는 큰 병에 걸려, 큰 시련과 좌절을 겪게 된 이랜드그룹의 박성수 회장은 어떻게 해서 그것을 견디어 내고, 이랜드 그룹의 창업자가 될 수 있었던 것일까?

그 원동력은 2년 6개월, 즉 거의 ' 3년 동안의 집중 독서 경험' 이었다. 그는 병상에서 3,000권의 책을 독파 했다.

이런 사람들이 모두 3년을 전후로 한 기간 동안 지독한 독서를 했다는 공통점을 가지고 있다는 사실을 필자는 처음 발견하고 너무나 전율하며 놀라지 않을 수 없었던 것이다. 누군가 인생을 바꾸고 싶다면 3년만 지독하게 독서를 하고 공부를 해 보라고 조언해 주고 싶다.

특히 자신이 무엇을 하며 살아야 할 것인지? 자신이 무엇을 잘 할 수 있는 사람인지? 아무것도 알 수 없다면 더 더욱 3년 동안의 지독한 공부가 필요하다. 평균 수명이 80세에서 90세로 육박하고 있고, 100세 시대라는 말이 나오는 이 시대에 3년은 어떻게 보면 매우 작은 기간일 수 있다. 그러므로 길게 본다면 한 번 도전해 볼 수 있는 그런 일이라고 필자는 생각한다.

– 독서보다 사색을 통해 공부하다.

화담 서경덕 선생의 경우를 보면 다른 선비들, 다른 학자들과 매우 큰 차이점이 하나 있다. 그것은 공부의 방법론적인 문제이다. 그 차이점은 책을 읽는 독서를 통해 무엇인가를 배우고 깨닫는 것이 아니라 책에 의지하지 않고 스스로 고심하고 사색하여 무엇인가를 깨치고 배운다는 것이다.

그가 어떤 식으로 공부를 하고, 사물에 대해 깨닫고 큰 깨우침을 얻는 공부를 했는지 그 방법을 아주 잘 설명해 주는 대목을 살펴보자.

" 서경덕은 개성 사람으로서 자질이 총명하고 특출하였다. 젊어서 과거를 보아 생원에 합격하였는데, 이내 과거 공부를 버리고 화담에 초가집을 지어 오로지 사물을 궁구하기를 일삼아 혹 여러 날을 잠자코 앉아 있곤 하였다. 그가 이치를 궁구하는 방법은 하늘의 이치를 알고자 할 경우 하늘 '천(天)자를 벽에다 써 붙였으며 이윽고 그것을 깨달은 후에는 다시 다른 글자를 써 붙이는 식이었다. 그 정밀하게 생각하고 힘써 연구함은 남들이 도저히 따라갈 수 없었다. 이처럼 하기를 여러 해 하자, 도리를 마음속에 환하게 깨칠 수 있었다. 그 학문은, 독서를 일삼지 않고 오로지 사색하는 것이었으며, 그렇게 하여 깨달은 다음 독서를 통해 입증하였다. 늘 말하기를,

'나는 스승이 없어 공부하는 데 지극히 힘들었지만 후인들은 내 말에 의거해 공부한다면 나처럼 힘들진 않았을 것이다.' 라고 하였다."
< 박희병, [선인들의 공부법], 103쪽 >

필자는 이 방법을 추천하지는 않는다. 왜냐하면 이 방법이 너무 힘들고 어렵고 많은 시간이 걸릴 뿐만 아니라 의지력이나 집중력이 평범한 사람들은 도저히 화담 선생처럼 그렇게 사색을 통해 용맹하게 정진해 나갈 수 없기 때문이다.

특히 필자처럼 평범한 두뇌를 가진 사람들은 거의 불가능한 방법이라고 밖에는 생각이 들지 않는다. 필자는 다행스럽게도 많은 책들을 읽으면서 남들이 평생, 힘들게 깨달은 소중한 것들을 너무나 쉽게 받아들일 수 있게 되었다. 그 덕분에 지금 한 달에 한 권 이상의 책을 출간하는 그런 작가가 될 수 있었던 것이다.

하지만 사색과 독서가 별개의 것이라고 생각하지 않는 다. 결국 참된 독서는 지식의 축적이 아니라 사색의 확장과 훈련이라고 생각하기 때문이다. 독서를 아무리 해도 자신의 성장이 발전은 고사하고, 인생이 1%라도 바뀌지 않는 사람들이 있다. 이런 사람들은 독서를 잘못 했기 때문이라고 당당하게 말 할수 있다.

이런 사람들은 독서를 통해 사색하는 힘을 기르기보다는 그저 책 속의 내용을 암기하고 이해하고 지식을 습득하는 독서를 하는 사람들이라고 말할 수 있다는 것이다. 그리고 이런 식으로 독서를 하지 않고, 사색을 위한 독서를 하는 사람들이 인생이 바뀌지 않는 이유는 독서의 임계점을 제대로 돌파하지 못 하고 있기 때문이다.

독서의 임계점이란 필자가 졸저인 [기적의 인문학 독서법]이란 책에서 언급했던 말이기도 하다. 물통에 물이 저절로 흘러넘치게 되는 그 시점, 물이 끓게 되는 그 지점, 액체가 기체로 전환되는 그 지점이 바로 임계점인 것이다.

필자가 제안하는 독서의 임계점을 돌파해야 한다는 것은 큰 물통에 물을 붓다보면 어느 순간 다 차서 저절로 흘러넘치게 되는 시점이 있는 데 그 시점을 돌파할 때 까지 물을 붓는 것을 쉬거나 멈추지 말라는 것이다.

물을 끓일 때 어떤 사람이 오늘 조금 열을 가해서 물의 온도가 99도 까지 올라갔지만 그것에서 멈추고, 내일 다시 물을 가열해서 또 90 몇 도에서 멈추고 이것을 평생 반복하는 사람이 있다면, 그 사람은 평생 물을 한 번도 끓여본 적이 없는 그런 사람이 되는 것이다.

과연 이런 사람이 있을 까? 물을 끓이는 것은 아무리 많이 걸려도 오 분이면 충분히 물이 끓기 때문에 누구나 다 물을 끓일 수 있다. 하지만 만약에 물을 끓이는 데 걸리는 시간이 지금보다 열 배 정도 많이 걸리게 된다면 물을 끓일 수 있는 사람들도 줄어 들 것이다.

그 시간을 기다리지 못 하기 때문이다. 독서도 이와 다르지 않다. 오늘 조금 읽고, 또 내일 조금 읽어서 평생을 읽는 것보다는 집중적으로 독서하여 독서의 임계점을 돌파하는 그런 경험이 필요하다는 것이다.

화담 서경덕 선생은 사색을 통해 사색의 임계점을 20대에 돌파한 학자인 것 같다. 하지만 그가 그렇게 할 수 있었던 것은 자질이 총명하고 특출했기 때문이다. 그러므로 평범한 사람들의 경우에는 독서를 통해 조금 더 시간과 노력을 절약할 수 있는 방법을 선택하는 것이 바람직할 것이다.

현대인들은 하루 종일 도서관에서나 방 안에서 책을 읽는 것도 힘들어 할 정도로 몸과 마음이 나약해졌고, 나태해 졌음을 부인 할 수 없을 것 같다.

과거 선비들보다 훨씬 더 좋은 환경에서 살고 있기 때문에 조금만 노력하고 실천한다면 쉽게 공부를 할 수 있고, 쉽게 향상될 수 있음에도 게임이나 음주가무 등에 마음을 빼앗겨 공부하려고 하지 않는 것이 현대인이 아닐까? 라는 생각도 해 본다.

" 반대하거나 논쟁하기 위해 독서하지 말라. 그렇다고 해서 있는 그대로 수용하기 위해서도 독서하지 말라. 그저 자신이 생각하고 연구하기 위해서 독서하라. "

프랜시스 베이컨의 이 말처럼 독서는 결국 사색을 위한 방편일 뿐임을 알아야 할 것 같다. 화담 서경덕 선생처럼 뛰어난 사람은 독서라는 과정을 뛰어넘어 사색을 할 수 있는 특별한 학자였던 것만은 틀림없는 사실인 것 같다.

– 굶주림도 공부의 즐거움을 빼앗지 못하다.

화담 서경덕 선생은 며칠을 굶주려도 공부의 즐거움을 빼앗기지 않았던 공부의 대가였다. 그가 어떠한 삶을 살면서 공부의 끈을 놓지 않았는지, 그리고 그로 하여금 그렇게 할 수 있게 해준 것이 바로 공부하는 즐거움이었다는 사실에 대해 알 수 있는 대목을 살펴보자.

“ 그 논리는 장횡거의 설을 많이 주장하여 정자나 주자와는 조금 달랐지만, 스스로 이치를 깨친 즐거움은 사람들이 헤아릴 수 있는 바가 아니었다. 항상 마음속 가득히 기뻐하여, 세상의 득실과 시비와 영욕을 가슴속에 담지 않았다. 살림살이를 돌보지 않아 자주 양식이 떨어지고 배고픔을 참아야 했는데, 사람들이 견디지 못하는 이런 어려움 속에서도 학문하는 즐거움을 잃지 않았다. 그 문하생인 강문우가 쌀을 갖고 찾아뵈었는데, 경덕은 화담의 초가에 앉아 있었다. 날이 이미 점심때를 넘겼으나 경덕은 학문적 논의로 사람들을 감동시키며 조금도 피곤한 기색을 보이지 않았다. 문우가 부엌에 들어가 그 집 사람에게 물어보니, ‘그저께부터 양식이 떨어져 밥을 짓지 못했다.’ 고 말했다 한다. “ < 박희병, [선인들의 공부법], 104 쪽 >

화담 서경덕 선생은 세상의 득실에 연연하지 않았다는 것이다. 뿐만 아니라 세상의 시비나 영욕과 같은 것들도 모두 마음속에서 비우고 공부하는 기쁨으로 가득하여 어떤 어려움 속에서도 공부하는 즐거움을 잃지 않았던 조선의 선비였던 것이다.

무엇보다 공부를 통해 즐거움과 기쁨을 맛보는 것은 매우 중요하다고 생각한다. 그러한 기쁨과 즐거움을 한 번이라도 제대로 느껴본 사람은 공부를 멈출 수 없다. 기쁘고 즐겁기 때문이다.

공자 역시 평생 공부하는 대가였던 이유가 공부의 기쁨과 즐거움을 그 누구보다 더 잘 알았던 사람이었기 때문이다. '주역(周易)을 하도 많이 읽어 책을 묶었던 가죽 끈이 세 번이나 끊어질 정도였다'는 위편삼절(韋編三絕)이라는 말이 생긴 이유가 바로 그가 공부의 즐거움을 알았기 때문이었던 것이다. 즐겁지 않다면 누가 그렇게 열심히 할 수 있을까?

돈이나 명성을 아무리 얻을 수 있다고 해도 자신이 미칠 정도로 좋아하는 일을 하는 것과 그저 돈이나 명성을 얻기 위해 열심히 하는 것에는 확연한 차이가 발생할 수밖에 없는 것이 인간인 것이다.

'많이 아는 자보다 좋아하는 자가 낫고, 좋아하는 자보다 즐기는 자가 더 낫다(知之者 不如好之者 好之者 不如樂之者)'라고 하는 말이 절대로 틀린 말이 아닐 것이다.

위편삼절이란 말은 사마천의 '사기:공자세가(史記:孔子世家)'에 나오는 말이다. '孔子晩而喜易讀易…韋編三絶"(공자가 만년에 역경을 좋아하여 계속 읽었기에…마침내 가죽 끈이 세 번이나 끊어졌다)'는 언급에서 유래된 것이라고 한다.

그렇다면 인간은 왜 무엇인가에 즐거움을 느끼게 되고, 그것을 즐기게 되면 끝없이 지속할 수 있는 것일까? 그 이유는 우리의 뇌 속에 답이 있다.

'러너스 하이(runners' high)'라는 말이 있는 데 이것도 즐거움과 우리 뇌의 뗄 수 없는 관계 때문이다.

달리기를 하면 처음에는 힘이 들고 약간의 고통을 느끼고, 숨이 차고, 다리는 아파 오고, 힘은 빠진다. 하지만 이 순간을 통과하고, 이 순간을 넘어 달리는 순간, 고통 후에 오는 말 할 수 없는 희열과 쾌감을 느끼게 되는 데, 바로 이러한 희열과 쾌감을 지칭하는 말이다.

이 용어는 미국의 심리학자 A.J. 맨델이 '세컨드 윈드(Second wind)'라는 논문에서 처음 사용했다. 즉 '러너스 하이'란 달리기를 하게 되면, 일정한 고통의 단계를 거쳐서, 즉 30분 정도 이상 계속했을 때, 우리의 두뇌에서 쾌감을 느끼게 하는 물질이 분비되어, 행복감과 황홀감과 함께, 육체적인 고통을 잊게 해주고, 희열과 만족감 등을 느끼게 되는 것을 말한다.

이 때 우리는 말 할 수 없는 쾌감을 느끼면서 기분이 좋아지게 된다. 바로 이것은 마약을 투여할 때와 거의 비슷한 메커니즘으로 우리 신체는 반응한다. 그래서 달리기에도 중독성이 있는 이유이다.

공부를 통해 지적 쾌감을 느끼고, 공부하는 즐거움을 맛본 학자들은 공부에 중독이 되어 버려서 도저히 공부를 포기할 수 없다고 말할 수 있다. 평범한 사람들은 이렇게 강력한 공부하는 즐거움을 단 한 번도 느껴보지 못 했기 때문에 굶으면서도 공부하는 즐거움에 푹 빠져서 공부하는 선비들을 이해하지 못 하는 것이다.

이것은 러너스 하이를 통해 달리기의 참 된 기쁨을 느껴 본 적이 있는 사람들, 즉 달리기에 중독된 사람들이 비가 올 때는 우산을 받쳐 들면서까지 달리기를 하는 사람들을 보통 사람들이 이해하지 못 하는 것과 같은 것이다.

그리스의 유명한 수학자는 목욕탕에서 목욕을 하다가 오랫동안 몰랐던 수학의 방정식을 깨닫고서는 너무 기쁜 나머지 자신이 벌거벗었다는 사실을 잊고, 벌거벗은 채로 거리로 나와 소리쳤다고 하니 얼마나 큰 기쁨인지 이해가 가는가?

이렇게 신명 나게 좋은 것이 사실 공부이다. 최

소한 공부의 맛을 아는 사람은 이러한 쾌감이 세상에 존재하는 그 어떤 쾌감보다 더 강력하다는 소중한 사실을 알고, 소중한 체험을 한 사람들이라고 할 수 있다.

그렇다면 공부를 하면 왜 쾌감을 얻게 될까? 그것에는 신비한 뇌 과학적 비밀이 숨겨져 있다. 무엇인가를 새롭게 알게 될 때, 우리의 뇌는 쾌감 물질인 도파민을 분비하게 되고, 이것은 강력한 쾌감을 느끼게 해 준다. 또한 인간은 모두 지적인 호기심이 가득 찬 동물이기 때문에, 그러한 호기심이 충족이 될 때, 도파민이 분비된다. 그리고 인간의 본능적인 욕구 중에서 가장 최상의 것들 중에 하나가 지적 충족이다.

– 평생 베옷을 입고 공부하다.

서경덕 선생은 한 때 과거를 몇 번 본 경험이 있는 것 같다. 특히 어머니의 뜻에 따라 생원시에 응시해 합격하였으나, 그 뒤로 다시는 과거를 보지 않았던 것 같다. 말년에 누군가가 천거하여 참봉에 제수되어도 부임하지 않고 공부에만 전념했다.

어느 날, 홍인우가 와서 선생에게 선비에게는 여러 가지 길이 있다고 말하면서 선생은 어떤 부류의 선비인지를 물었다. 이 때 서경덕 선생의 답변과 홍인우의 질문을 살펴보자.

" 어느 날, 홍인우가 선생에게 물었다.

'선비가 나아가고 머무는 것에는 여러 가지 길이 있습니다. 어떤 사람은 도를 얻었으나 때가 맞지 않으면 그 도를 숨기고 살며, 어떤 이는 백성들을 다스릴 만하나 자신의 덕과 분수를 헤아려 스스로 벼슬에 나가지 않습니다. 또 어떤 이는 밝은 임금을 모시며 배운 바를 시험할 만하여도 스스로 세속에 구속되지 않고 자신이 원하는 대로 살며, 어떤 이는 비록 스스로의 덕을 다 이루지 못했음에도 어리석은 백성들을 두고 볼 수 없어 부득이 세상에 나와 일을 합니다. 그렇다면 선생께서는 어느 쪽에 해당합니까?'

서경덕은 빙그레 미소를 지으며 한참 있다가 말을 꺼냈다.

' 나는 평생 선현의 글만 읽었고, 세상이 부러워하는 과거에 두 번 이나 떨어졌네. 나이 쉰에 이르기까지 세속과 떨어져 살았으니 더 이상 바랄 것이 없네.'

두 번째 방문했을 때 홍인우가 다시 물었다.

'대제학 김안국이 선생님을 벼슬에 천거하려 하는데 만일 조정에서 벼슬을 내린다면 어찌하시겠습니까?'

서경덕이 답했다.

'나의 분수와 능력을 헤아리건대, 비록 작은 관직이라도 감당할 수 없네. 다행히 벼슬이 내리면 우선 감사히 여기겠으나 감당할 수 없으면 물러날 것이네.'

결국 김안국의 천거로 서경덕은 중종 말년 참봉에 제수되었다. 그러나 부임하지 않은 채 평생 베옷을 입고 학문을 연구했다." < 이용범, [인생의 참스승, 선비], 19 ~ 20쪽 >

한 마디로 화담 서경덕 선생은 출세하는 것보다 공부를 더 좋아했다고 할 수 있을 것 같다. 그가 그렇게 할 수 있었던 것은 한 마디로 공부의 참 된 기쁨과 즐거움을 누구보다 잘 알고 있었던 학자였기 때문이라고 필자는 생각한다.

지금 이 시대에 장관 자리를 사양하고 평생 베옷을 입고 거친 음식을 먹으면서도 공부의 기쁨과 즐거움을 누리며 공부만 할 수 있는 사람이 과연 몇 명이나 될까? 조선 시대의 청렴했던 선비들이 필자는 몹시 그립다.

우암 송시열 _ 말을 적게 하는 공부를 하라.

" 옛날에는 공부를 하는 네 말을 많이 하지 않았습니다. 극기복례를 말하면 바로 실제의 극기복례하는 공부를 했습니다. 그러므로 단지 '극기복례' 네 자만으로도 성인이 될 수 있었습니다. 오늘날에는 말이 매우 많아졌지만 원래 실제의 공부가 없습니다. 그러므로 또한 실제의 효과가 없는 것입니다."

– 말을 적게 하는 공부를 하라. _ '과언공부(寡言工夫)'

우암 송시열 선생의 공부법은 한 마디로 말을 적게 하는 공부법이다. 아무리 많이 배우고 공부를 했다고 해도 말을 많이 하게 되면 결국 자기 자랑이 될 수밖에 없고, 자신이 배우고 익힌 것에서 벗어나 실수를 할 수 밖에 없다.

그래서 '다언삭궁(多言數窮)' 이라고 노자가 말한 것처럼 우암 송시열 선생은 말을 적게 하는 공부를 평생 실천하셨던 선비였다.

그의 이러한 공부 모습에 대해 설명한 대목을 살펴보자.

" 선생께서는 젊어서부터 몸가짐이 엄하고 단정하셨으며, 앉을 적에는 반드시 꿇어 앉으셨고, 말을 하실 적에는 반드시 적게 하셨다. 남들이 가까이 하기를 어렵게 여기면 더욱더 공경히 하셨다. 만년에 매우 화평하셨지만, 꿇어앉는 공부는 더욱 돈독해서 무릎을 펴신 적이 없으셨으며, 말을 적게 하는 공부는 더욱 익숙해서 말을 많이 하신 적이 없으셨다. 일찍이 스스로를 말씀하시기를 " 나의 본성은 말을 많이 하질 못한다. 그러므로 기뻐할 만한 사람을 만나더라도 안부를 묻는 것 외에는 다시 말이 없었다. " 고 하셨다."

< 최석기, [우리가 꼭 알아야 할 공부], 264쪽, (송시열, [송자대전], 부록 권 18, 어록) >

이렇게 말을 적게 하는 공부를 한자어로 하면

'과언공부(寡言工夫)' 라고 할 수 있다. 우리는 조금만 배우면 말이 많아진다. 그렇기 때문에 더 큰 성장이 없는 것인지도 모른다. 우리 선조들은 우리와 반대였던 것 같다.

율곡 이이 선생이 경연에 나가서 한 말 중에서도 보면 말을 적게 하는 공부에 대한 대목이 있음을 알 수 있다.

" 오늘 날 사람들은 예전 사람들처럼 궁리공부가 없이 곧바로 극기를 하려 하니, 어떤 것이 사욕이 되고, 어떤 것이 예가 되는지 모릅니다. 혹 반대로 자신의 사욕으로 천리를 삼는 경우도 있습니다. 이것이 바로 격물치지를 [대학]의 처음 공부로 삼는 까닭입니다. 또한 옛날에는 공부를 하는 데 말을 많이 하지 않았습니다. 극기복례를 말하면 바로 실제의 극기복례하는 공부를 했습니다. 그러므로 단지 '극기복례' 네 자만으로도 성인이 될 수 있었습니다. 오늘날에는 말이 매우 많아졌지만 원래 실제의 공부가 없습니다. 그러므로 또한 실제의 효과가 없는 것입니다.”　<　< 최석기, [우리가 꼭 알아야 할 공부], 285쪽, (이이, [율곡전집], 권29,) >

한 마디로 공부에는 많은 말이 필요하지 않다는 말이다.

서애 유성룡 _ 마음을 다잡는 공부를 하라.

" 공부하는 사람에게 중요한 것은 마음이 안정됨으로써 생각이 맑아지는 것이다."

" 학자에게 귀한 것은 자신의 심지(心志)가 안정됨으로써 사려(思慮)가 맑고 밝게 되는 것이다. 그런 뒤에 격물치지(格物致知)의 궁리공부(窮理工夫)를 비로소 조처함이 있게 된다. 마음에 배양하고 함축한 힘이 없으면, 이른바 박학(博學)하고 심문(審問)하고 신사(愼思)하고 명변(明辯)하며 성찰(省察)하고 극치(克治)하는 공부가 어디에 의지하고 근거하겠는가? "

– 공부하는 자에게 중요한 것은 마음이다.

서애 유성룡 선생은 공부의 제일 근본은 마음을 고요하고 담박하게 하는 것이라고 말한 적이 있다. 마음이 안정되고 힘이 있고 흔들림이 없을 때 공부를 확장시켜 나갈 수 있게 된다고 말한다.

즉 아무리 박학다식하고 현명하고 통찰력이 있다고 해도 먼저 마음을 안정시키고, 마음을 수렴하는 것이 제일 근본이라는 것이다. 그렇기 때문에 마음이 안정되어 있는 사람이 다른 공부를 잘 할 수 있게 된다는 것이다.

즉 공부하는 사람에게 중요한 것은 마음이 들뜨지 않고 차분하게 마음을 다잡는 것이라고 그는 말했다. 이런 사실을 [서애집(西厓集)]을 통해 알 수 있다.

" 선생은 젊어서부터 세상의 학자들이 문장의 뜻만 파악하려는 말단적인 데에 얽매여 본원공부를 하지 않는 것을 걱정하셨다. 그래서 항상 " 학자에게 귀한 것은 자신의 심지(心志)가 안정됨으로써 사려(思慮)가 맑고 밝게 되는 것이다. 그런 뒤에 격물치지(格物致知)의 궁리공부(窮理工夫)를 비로소 조처함이 있게 된다.

마음에 배양하고 함축한 힘이 없으면, 이른바 박학(博學)하고 심문(審問)하고 신사(愼思)하고 명변(明辯)하며 성찰(省察)하고 극치(克治)하는 공부가 어디에 의지하고 근거하겠는가? "라고 하셨다.
선생은 남들과 학문을 논할 적에는 반드시 마음을 수렴하는 것을 제 일건의 일로 삼으셨다."
< < 최석기, [우리가 꼭 알아야 할 공부], 285쪽, (유성룡, [서애집], 권2) >

서애 유성룡 선생이 가장 중요하게 생각하는 공부는 마음 공부라고 할 수 있다. 마음이 허황

되게 들뜨고 분산되는 것을 가장 경계하셨던 것이다. 그런 점에서 눈에 보이는 박학다식한 사람들의 그런 지식들과 글을 잘 외우고 글을 잘 짓는 행동 등을 경계해야 한다. 외형적으로 보이는 배움이나 학식보다 더 중요한 것은 눈에 보이지 않는 마음이기 때문일 것이다.

그런 점에서 서애 선생은 마음을 수양해서 수렴하는 것을 본원공부(本源工夫)라고 말한 것이다. 그리고 이와 상반되는 것이 바로 말단공부이다.

말단공부는 글을 외우고, 글이나 짓고, 박학다식을 자랑으로 여기는 것과 같은 남에게 보이기 위한 공부이다. 이것을 다른 말로 위인지학(爲人之學)이라 할 수 있을 것이다.

백곡 김득신 _ 조선 시대 최고의 독서가.

“ <백이전>은 1억1만3천 번을 읽었고, <노자전> <분왕> <벽력금> <주책> <능허대기> <의금장> <보망장> 은 2만 번을 읽었다. <제책> <귀신장> <목가산기> <제구양문> <중용서>는 1만8천번, <송설존의서> <송수재서> <백리해장>은 1만 5천 번, <획린해><사설><송고한상인서> <남전현승청벽기><송궁문> <연희정기><지등주북기상양양우상공서><응과목시여인서><송구책서><마설><후자왕승복전><송정상서서><송동소남서><후십구일부상서><상병부이시랑서><송료도사서><휘변><장군묘갈명>은 1만3천 번을 읽었다. <용설>은 2만 번 읽었고, <제악어문>은 1만4천 번을 읽었다. 모두 36편이다.

– 억 만 번 책을 읽고 성공한 학자.

조선 시대를 통틀어 최고의 독서가라고 하면 누구를 지칭해야 할 까? 필자는 무조건 '백곡 김득신' 선생이라고 생각한다. 왜냐하면 그는 타고난 둔재였지만, 독서를 통해, 그것도 평범한 독서가 아니라 지독한 독서를 통해 천재로, 당대를 대표하는 시인으로 도약을 한 인간 승리의 롤 모델이기 때문이다.

순암 안정복이 그 당시 백곡 김득신 선생과 그의 서재인 '억만재' 에 대해 적은 글을 살펴보면 백곡 선생의 놀라운 독서 이야기를 알 수 있다.

“ 백곡 김득신이라는 사람이 있다. 그는 자가 자공이다. 타고난 자질이 어리석고 멍청했으나, 유독 독서만은 좋아했다. 밤낮으로 책을 부지런히 읽었는데, 대체로 옛 글을 읽은 횟수가 1만 번이 넘지 않으면 멈추지 않았다. 특히 사마천의 [사기] ‘백이전’ 을 좋아했는데, 읽은 횟수가 무려 1억 1만 8천 번에 이르렀다. 이 대문에 그의 작은 서재를 억만재라고 이름 붙였으며, 문장으로 크게 이름을 드날렸다. ”

< 안정복, [순암선생문집], ‘상헌수필하’ , 고전연구회, [조선의 선비 서재에 들다], 219쪽 >

또한 판서 유재 이현석은 백곡의 묘갈명에 이렇게 썼다고 한다.

“ 무회씨와 갈천씨의 백성이고
맹교와 가도의 시구나
팔십 년 행한 마음 하루처럼 한결같아
억만 번 독서함이 기이하고 기이하구나. “

< 안정복, [순암선생문집], ‘상헌수필하’ , 고전연구회, [조선의 선비 서재에 들다], 220쪽 >

한 마디로 백곡 선생은 억만 번 독서를 통해 인생을 바꾼 위인이라고 할 수 있다. 그가 독서의 대가이자 조선 시대 최고의 독서가라고 할 수 있는 이유 중에 하나는 그가 어렸을 때는 평범했던 사람이 아니라 거의 바보에 가까운 그런 멍청하고 우둔한 사람이었기 때문이다.

그는 비록 명문 사대부에 태어났지만, 너무나 둔하고 어리석고 멍청하여 글을 배우기 시작한 나이도 다른 또래 아이들보다 못 했고, 한 가지라도 배우고 돌아서면 확실하게 까먹는 그런 아이였다.

오죽했으면 주위 사람들이 모두 글공부를 그만두라고 할 정도였을 까? 주위 사람들이 아무리 가르쳐보아도 이것은 돌을 가르치는 것보다 더 못 하기 때문이었던 것이다. 다른 또래 사람들은 20살 에 과거에 합격하여 이름을 날렸지만, 백곡 선생은 이 때 겨우 글을 지을 수 있게 되었던 것이다.

하지만 백곡 선생은 읽고 또 읽었다. 이것이 바로 백곡 선생의 최고의 독서법이었던 것이다.

– 읽고 또 읽는 것이 독서의 최고 비법이다.

다산 선생조차 백곡 선생이 독서의 지존이라는 점에 대해 다음과 같이 인정했다.

‘문자와 책이 존재한 이후 종횡으로 수천 년과 3만 리를 뒤져 보아도 부지런히 독서한 사람으로 김득신을 으뜸으로 삼을 만하다.’

김득신은 읽고 또 읽어도 둔재에서 벗어나지 못 했다. 하지만 그가 그렇게 읽고 또 읽었기 때문에 둔재로 태어났음에도 60세가 다 된 59세에 과거에 급제할 수 있었던 것이고, 당대를 대표하는 시인의 반열에 오를 수 있었던 것이라고 필자는 생각한다.

백곡 선생을 보면 생각나는 말이 있다. <중용>에 나오는 ‘백천지공(百千之工)’이라는 말이다. 이 말은 쉽게 말해서 ‘남이 한 번에 능히 하면 나는 열 번을 하고, 남이 열 번에 능히 하면 나는 천 번을 한다. 그러므로 배우지 않으면 그만이지만, 만일 능하지 못하다면 절대 배움을 중단하지 말아야 한다' 는 의미가 있다고 말할 수 있다.

그런데 백곡 선생이 바로 이 말의 주인공이라고 말을 해도 틀리지 않기 때문이다. 백곡 선생은 남들이 몇 백 번 읽었다면, 자기 자신은 몇 천 번, 몇 만 번을 반복해서 읽어서 익힐 때 까지 절대 독서를 중단하지 않았던 그런 인물이었던 것이다.

그가 얼마나 많이 반복하며 글을 읽었는지는 그의 서재 이름에서도 잘 알 수 있다. 그의 서재 이름이 '억만재(億萬齋)' 이다. 글자 그대로 글을 읽을 때 억 만 번이 넘지 않으면 멈추지 않았다고 해서 붙여진 이름이었던 것이다.

실재로 그는 그의 옛 집에 걸려 있는 '독수기' 에, 자신이 평생 1만 번 이상 읽은 글 36편의 목록을 적어 놓기도 했다. 이 중에서도 [사기] 백이전을 무려 1억 1만 3천 번이나 읽었다고 기록되어 있다.

그가 진정 얼마나 독서를 열심히 했는 사람인지 그의 <독수기(讀數記)>를 살펴보면 확실하게 알 수 있다.

“ <백이전>은 1억1만3천 번을 읽었고, <노자전> <분왕> <벽력금> <주책> <능허대기> <의금장> <보망장> 은 2만 번을 읽었다. <제책> <귀신장> <목가산기><제구양문> <중용서>는 1만8천번, <송설존의서> <송수재서> <백리해장>은 1만5천 번, <획린해><사설><송고한상인서> <남전현승청벽기><송궁문> <연희정기><지등주북기상양양우상공서><응과목시여인서><송구책서><마설><후자왕승복전><송정상서서><송동소남서><후십구일부상서><상병부이시랑서><송료도사서><휘변><장군묘갈명>은

1만3천 번을 읽었다. <용설>은 2만 번 읽었고, <제악어문>은 1만4천 번을 읽었다. 모두 36편이다.

<백이전><노자전><분왕>을 읽은 것은 글이 드넓고 변화가 많아서였고, 유종원의 문장을 읽은 까닭은 정밀하기 때문이었다. <제책><주책>을 읽은 것은 기굴(奇崛)해서고, <능허대기><제구양문>을 읽은 것은 담긴 뜻이 깊어서였다. <귀신장><의금장><중용서> 및 <보망장>을 읽은 것은 이치가 분명하기 때문이고, <목가산기>를 읽은 것은 웅혼해서였다. <백리해장>을 읽은 것은 말은 간략한데 뜻이 깊어서이고, 한유의 글을 읽은 것은 스케일이 크면서도 능욱하기 때문이다. 무릇 이들 여러 편의 각기 다른 문체 읽기를 어찌 그만둘 수 있겠는가?

갑술년(1634)부터 경술년(1670) 사이에 <장자>와 <사기>, <대학>과 <중용>은 많이

읽지 않은 것은 아니나, 읽은 횟수가 만 번을 채우지 못했기 때문에 <독수기>에는 싣지 않았다. 만약 뒤의 자손이 내 <독수기>를 보게 되면, 내가 책 읽기를 게을리하지 않았음을 알 것이다. 괴산 취묵당에서 쓴다. "

< [독수기], 정민, [미쳐야 미친다], 52 ~ 53쪽 >

중국의 시성 두보는 '독서파만권 하필여유신' 이라는 말을 한 적이 있다. '만 권의 책을 읽으면 글을 쓰는 것이 신의 경지에 이르게 된다' 라는 의미이다. 추사 김정희 선생도 이와 비슷한 말을 한 적이 있다. ' 가슴 속에 만 권의 책이 들어 있어야 글과 그림이 저절로 흘러넘치게 된다.' 는 말이다.

그런데 백곡 김득신 선생은 엄청난 양의 독서를 통해 시를 쓰는 것이 신의 경지에 이른 사람이다. 비록 그 기간이 남들보다 몇 배 혹은 몇 십 배 더 길었지만, 그럼에도 독서는 정직한 것이었음을 잘 보여준다.

필자는 독서의 최고 비법으로 백곡 선생의 독서비법인 '읽고 또 읽는 독서법'을 추천하고 싶다. 물론 이것은 '많은 책을 두루 읽는 독서법'과 크게 다르지 않을 것이다.

과거에는 책들이 많지 않았고, 그 주제에 대한 비슷한 내용의 책들을 여러 권 구하기도 쉽지 않았다. 그래서 한 권의 책을 읽고 또 읽어야 했다. 하지만 지금은 비슷한 내용의 책들을 쉽게 수 십 권 혹은 수 백 권 구할 수 있다. 그렇기 때문에 굳이 한 권에 매몰되어 그 책을 수 십 번 읽는 것보다는 그 시간에 다양한 책들을 읽으면 자연스럽게 어떤 주제에 대해서 반복하는 효과가 생길 뿐만 아니라 한 두 명의 작가의 견해에 갇히게 되는 병폐를 막을 수 있게 된다.

청장관 이덕무(李德懋:1741 ~ 1793) _ 규율이 있는 공부를 하라.

“ 글 읽는 횟수는 시간을 배정해야 하고, 배정된 시간을 넘나들어 더 읽기도 하고 덜 읽기도 해서는 안 된다. 나는 어릴 때 하루도 공부하는 과정을 빼먹은 적이 없었다. 아침에 40, 50 줄을 배워서 하루 50번을 읽었는데, 아침부터 저녁까지 다섯 차례로 분배하고 한 차례에 열 번씩 읽었다. ”

“ [중용] 첫 장을 다섯 번 읽었다. 이하도 이 횟수에 의하기로 하였다.”

– 책만 보는 바보 _ 간서치.

청장관 이덕무는 박학다식하였고, 개성이 뚜렷했다. 하지만 그가 이룬 학문에 비해서 그는 크게 등용되지 못 했다. 그 이유는 그가 서출(庶出)이기 때문이다. 중국 청나라에 건너가 선진문물을 배우고 공부를 했기 때문에 북학 발전의 기초를 마련할 수 있었다.

이덕무는 서자였다. 하지만 서자라는 신분적 제약, 허약한 몸 등과 같은 불우한 환경을 공부에 대한 열정으로 승화시켰고, 공부를 진정 즐기며 누릴 줄 아는 공부의 대가의 모습을 보여주었다.

'책만 보는 바보' 즉 '간서치(看書痴)'로 우리에게 이미 잘 알려진 조선의 선비 이덕무는 한 마디로 공부에 대해 열정의 화신이라고 표현해야 맞을 것 같다. 그래서 그는 평생 책만 읽는 공부를 인생의 즐거움으로 삼고 살았던 인물이다.

일단 잘 알려진 그의 [간서치전]의 내용 중 일부를 살펴 보자.

" 목멱산(木覓山, 남산) 아래 어떤 어리석은 사람이 산다. 어눌하여 말을 제대로 하지 못하고 성격마저 졸렬하고 게을러 세상일이라곤 알지 못 한다. 바둑이나 장기 놀이 따위는 더욱 알지 못한다. 다른 사람들이 욕을 해도 들은 체도 하지 않고 칭찬한다고 해도 좋아하지 않고 오직 책을 보는 것으로 즐거움을 삼아 춥거나 덥거나 배고프거나 전혀 느끼지 못하였다. 어렸을 때부터 스물한 살이 될 때까지 하루도 책을 손에서 놓은 적이 없었다. 매우 좁은 방에서 살지만 동쪽, 남쪽, 서쪽에 창문이 각각 있어 햇빛 비추는 방향에 따라 동쪽 창문에서 서쪽 창문으로 옮겨가며 책을 본다. 보고 싶었던 책을 보면 기뻐서 큰 소리로 웃기에 집안사람들은 웃음소리만 들어도 보고 싶었던 책을 본다는 것을 알았다. 또 두보의 오언율시를 특히 좋아하여 병을 앓는 사람인양 웅얼웅얼 거리고 깊이 생각하다가 심오한 뜻을 깨우치면 기뻐서 일어나 이리저리 왔다 갔다 한다. 기뻐서 큰 소리를 내는 것이 갈가마귀가 소리를 내는 것 같기도 하다. 혹은 조용히 아무 소리도 없이 눈을 크게 뜨고 멀거니 보기도 하고 혹은 꿈꾸는 사람처럼 혼자서 중얼거리기도 한다. 이 때문에 사람들이 '책만 보는 바보'라고 놀려도 웃으며 받아들인다. 전기를 써 주는 사람이 없기 에 붓을 들어 그 일을 써서 '간서치전'을 짓고 성명을 기록하지 않는다."

청장관 이덕무는 한 마디로 '책만 보는 바보'였다. 그래서 하루도 책을 손에서 놓은 적이 없었던 인물이다. 책을 너무나 좋아했기에 그는 독서열이 남달랐다.

이렇게 무엇인가에 미칠 정도로 몰두하는 것을 선비들은 '벽'이라고 말을 했다. 그런데 조선 시대 선비들 사이에 이러한 '벽'이 유행한 적이 있었는데, 그것은 벽이 있는 사람만이 그 분야에서 무엇인가를 이루어 낼 수 있는 그런 사람들이라는 것을 깨달았기 때문일 것이다.

"사람에게 벽이 없으면 쓸모없는 사람일 뿐이다. 대저 벽이란 글자는 병(病)이란 글자에서 나온 것이니, 지나친 데서 생긴 병이다. 그러나 홀로 걸어가는 정신을 갖추고 전문의 기예를 익히는 건 왕왕 벽이 있는 사람만이 능히 할 수 있다." < 정민, [미쳐야 미친다], 16쪽 >

박제가는 [백화보서(百花譜序)]에서 벽(癖)이 있어야 전문가가 될 수 있다고 단적으로 말했다.

– 평생 2만 권이 넘는 책을 읽다,

책만 보는 바보였던 이덕무는 평생 얼마만큼의 책을 읽었을 까? 누군가가 얼마나 많은 책을 읽었는지 본인 자신도 정확히 헤아린다는 것은 어불성설일 것이다. 하지만 대략적인 것은 미루어 짐작할 수 있을 것이다.

이덕무는 평생 읽은 책이 2만 권이 넘었다고 한다. 그리고 손으로 직접 필사한 책이 수백 권이 넘었다는 것이다. 다산 선생이 500권의 책을 저술했고, 혜강 최한기 선생이 1000여 권의 책을 집필했다는 것을 감안해 보면 보통 사람들이 절대로 할 수 없는 엄청난 양의 책을 집필하고, 읽는 다는 것이 가능한 사람들이 없지는 않다는 것을 깨닫게 된다.

자신의 경험이 부족하고 편협하고 좁은 사람들은 절대 더 큰 세상의 일들, 놀라운 일들을 믿지 않는 다. 하지만 다양한 경험을 하고, 식견이 높고 넓은 사람일수록 놀라운 일들에 대해서도 의심부터 하지 않는 다.

지금보다 과거에는 책을 집필한다는 것이 더 힘든 일이 아니었을까? 그런데도 다산 선생은 18년 동안 500여 권의 책을 집필하셨다는 것이다. 즉 일 년에 27권의 책을 집필하셨다는 결론이 나온다.

그렇다면 한 달에 2권 이상의 책을 집필하신 셈이다. 하지만 경험이나 식견이 좁은 우물안 개구리와 같은 사람들은 이 이야기를 하면 가장 먼저 하는 말이 이것일 것이다.

'이게 가능한 일인가?'
'너무 오버 중에 오버가 아닌가?'
'책의 수준을 믿을 수 있을 까'

이러한 이야기를 하는 사람은 자신의 좁은 경험과 좁은 식견으로 인해 이러한 일을 믿을 수 없을 정도로 식견과 경험이 좁다는 것을 스스로 만천하에 떠들어 대는 것이나 다름없다고 필자는 생각한다.

자신이 못 한다고 해서 불가능한 일이라고 단정하는 사람은 정말 성급하고 어리석은 사람이 아니라고 말할 수 없을 것이다. 세상은 매우 넓고 다양한 능력과 재주를 가진 사람들이 68억 명이나 살고 있다.

그 중에서 어떤 사람들은 남들이 도저히 한 번에 먹을 수 없을 정도의 양의 음식을 먹고 거뜬하게 소화시키는 사람도 있고, 어떤 이는 수입

차를 많이 팔 때는 하루에 6대씩 판매하여, 연봉이 4억인 수입차 판매딜러도 있다.

오늘 신문에 수입차 판매왕이라고 나온 사람이다. 어떤 사람은 헬리콥터를 타고 가면서 눈으로 대충 본 런던 시내를 하나도 틀리지 않고 그림으로 그려내는 그런 신기에 가까운 사람도 있다.

이덕무는 평생 읽은 책이 2만 권이 넘었다고 한다. 필자는 이것을 믿는 다. 100% 믿는 다. 왜냐하면 사람이 평생 살면서 책만 읽는 다면 충분히 읽을 수 있는 분량이기 때문이다.

하루에 한 권을 읽다보면 나중에는 하루에 열권도 읽을 수 있게 되기 때문이다.

우리가 무엇을 하든 할수록 더 잘 할 수 있고, 더 빨리 할 수 있다.

“ 이덕무는 책을 읽는 데 그치는 것이 아니라, 읽은 뒤에는 반드시 그 책을 필사했다. 항상 얄팍한 책을 수중에 넣고 다니면서 주막이나 배에서도 책을 보기를 꺼리지 않았다. 평생 읽은 책이 2만 권이 넘었고, 손수 필사한 책이 수백 권이 넘었다. 자획이 바르고, 아무리 바빠도 속자 하나 쓰지 않았다.” < 이수광, [공부에 미친 16인의 조선 선비들], 1296쪽 >

그는 2만 권이상의 책을 읽었던 독서의 대가였다.

– 규율이 있는 공부를 하라.

이덕무는 공부를 함에 있어서는 결코 바보가 아니었다. 그는 철저한 시간 배정을 하고, 자신이 스스로 세운 공부 과정을 하루도 빼먹지 않고 할 정도로 철저했던 사람이다. 그의 이러한 면모를 잘 알 수 있는 대목을 살펴보자.

그가 [사소절] <교습편>에서 아이들에 대한 수신과 공부법에 대해 적은 내용이다.

“ 글 읽는 횟수는 시간을 배정해야 하고, 배정된 시간을 넘나들어 더 읽기도 하고 덜 읽기도 해서는 안 된다. 나는 어릴 때 하루도 공부하는 과정을 빼먹은 적이 없었다. 아침에 40, 50줄을 배워서 하루 50번을 읽었는데, 아침부터 저녁까지 다섯 차례로 분배하고 한 차례에 열 번씩 읽었다. 몹시 아플 때가 아니고는 어기지 않았다. 그러므로 공부하는 과정이 여유가 있고 정신이 집중되었다. 그때 읽은 글은 지금도 그 대강의 의미는 기억이 난다. 나는 체질이 너무도 약했기 때문에 배우는 분량과 읽는 횟수가 매우 적었지만, 만일 재주와 기질이 왕성한 사람이 그 능력에 따라 과정을 정해 나가게 한다면 그 사람은 끝없이 진취할 것이다."

< 참조. 김건우, [옛사람 59인의 공부산책], 157 ~ 158쪽 >

책만 보는 바보로만 알았던 그에게 이토록 무서울 정도의 규율과 규칙이 공부하는 생활에 있었다는 것은 매우 놀라운 사실이 아닐 수 없다.

평생 가난했던 이덕무는 가난 때문에 스승을 모시며 공부할 수 없었던 것은 자명한 사실이다. 하지만 그럼에도 불구하고 그가 2만여 권의 책을 읽고, 수백 권의 저서를 남겼다고 한다. 그가 그렇게 할 수 있었던 것은 '다독의 힘' 과 '필사하는 규칙을 지켜 나갔던 규율 있는 공부' 때문이었다고 볼 수 있을 것이다.

다시 말해 이덕무의 공부 방법은 많이 읽기와 많이 쓰기 였던 것이다. 그는 독서를 통해 깨우친 것들을 날마다 기록하여 정양하는 규칙으로 삼았던 것이다.

"내가 금년에 과거 공부에 얽매여 옛사람의 시서가 있어도 보고 읽을 겨를이 없었다가, 중양일(重陽日 : 음력 9월9일)을 맞이하여 비로소 문자에 마음을 두어, 책들을 손질하고 필연(筆硯)을 씻은 다음 [중용]을 읽는 여가에 고금의 자집(子集)과 시문도 곁들여 열람하기로 하였으며, 이날부터 마음에 얻어진 바를 날마다 기록하여 정양하는 규칙으로 삼으려 한다."

< 이수광, [공부에 미친 16인의 조선 선비들], 300쪽, [관독일기] >

이 부분은 [관독일기]의 첫 부분이다. 그가 이 대목을 통해 왜 독서일기를 쓰기로 했는 지 스스로 밝히고 있는 대목이기도 하다.

– 다섯 번씩 읽는 독서를 하라.

'간서치', 책만 보는 바보로 유명한 이덕무의 독서법 중에서 가장 독특한 독서법은 똑같은 책을 '다섯 번씩' 읽는 독서법이었다.

"[중용] 첫 장을 다섯 번 읽었다. 이하도 이 횟수에 의하기로 하였다."

< 이수광, [공부에 미친 16인의 조선 선비들], 300쪽 >

즉 그는 첫 장을 다섯 번씩 읽고 정독했다. 그리고 정독한 후에는 반드시 느끼고 깨우친 점을 기록했다. 기록한다는 점에서 다산 선생의 독서법과 다르지 않지만, 다섯 번씩 횟수를 정해놓고 정독한다는 점에서 독특하다고 할 수 있다.

이덕무는 글 읽는 횟수를 시간의 배정에 따라 정하고, 어릴 때부터 하루도 빼먹지 않고 배정된 시간을 지켜 정해진 횟수만큼 글을 읽었다고

[사소절]에서 밝히고 있다. 더 특이한 사항은 배정된 시간을 넘나들어서 더 읽거나 덜 읽어서는 안 된다고 말하는 대목이다.

즉 그는 정해진 시간에 정해진 회수만큼 책을 읽었던 것이다. 이렇게 그가 했던 이유는 정신을 다잡기 위해서였다. 그리고 공부하는 과정에서 마음의 여유와 안정을 찾기 위해서라고 생각한다.

어렸을 때 그는 40~50줄의 글을 배워서 하루 50번을 읽었다고 한다. 아침부터 저녁까지 다섯 차례로 분배하고, 한 차례에 열 번씩 읽었다는 것이다. 몹시 아플 때가 아니면 절대로 이러한 규칙을 어기지 않았다고 한다.

그는 시간과 횟수를 정해놓고 글을 읽었던 독특한 독서를 했던 학자이다.

“ 학문(공부)이란 본래 평화로운 것이다. 인간사의 분쟁을 학문을 통해 화해시키고, 정치가 도리를 잃은 것을 학문을 밝혀 바로잡으니, 혼란을 막고 위기를 구해주며 어리석은 것을 깨우치고 악을 감화시키는 것이 바로 학문의 본의이다. “

혜강 최한기 _ 1000권의 책을 집필한 조선 제일 선비.

" 종을 치면 소리가 난다는 것을 만일 듣지도 보지도 못하였다면, 종을 치기전에 치면 소리가 날 것을 어떻게 알 수 있겠는가? "

" 가르치고 배우는 것은 두 가지 일이 아니다."

" 중년에 이르러 학업의 진취가 있는가의 여부와 많은가 적은가의 여부는 공부하는 사람 자신에게 달려 있다."

" 학문의 성취는 무엇으로 기준을 삼을 것인가? 하늘과 사람의 큰 도를 분명히 이해하여 자기 몸에 실천하고 후학을 위해 길을 열어주는 것, 이것 이 바로 그 기준이다."

– 1000권의 책을 집필한 학자

혜강 최한기는 다른 학자들에 비해서는 상대적으로 적게 알려졌다. 하지만 그렇다고 해서 그가 학문적으로 완성도가 떨어지기 때문은 절대 아니다. 다만 그에 대한 연구가 활발하지 않았기 때문이다.

하지만 그의 저작은 1000권으로 조선 제일이었다. 이러한 사실을 알 수 있는 대목을 살펴 보자.

“ 19세기는 불안과 동요의 시대였다. 유교적 전통의 견고성이 도전 받고 있던 시대, 실학자들은 이 집을 버티고 고치기 위해 다양한 시도를 했다. 그 가운데 전통의 유교 문화가 근본적 변화를 겪으리라고 판단한 사람은 없었다. 다산 정약용도 이 점에서는 예외가 아니다. 그는 자신의 방대한 경학과 경세학의 이념을 원시 공맹 유학 위에 설정할 만큼 유교 문화의 지속성을 확신했다. 혜강만이 동서양의 교섭이 몰고 올 변화의 심원한 의미를 예감하고 있었다. 그는 당대를 위기가 아니라, 오히려 새로운 문명의 기회로 보고 어린애처럼 흥분했다.

그의 학문 영역은 인문, 사회, 그리고 자연과학 전반에 걸쳐 있다. 육당 최남선은 그의 저작을 1000권, 조선 제일로 쳤다. 지금 남아 있는 것으로도 그 규모를 짐작할 수 있다. 그 가운데는 전통적 가치를 재천명한 것이 있는가 하면, 서양의 과학기술 서적들을 정리하고 편집한 것도 적지 않다. “ < 권오영 외, [혜강 최한기], 5 ~ 6쪽 >

육당 최남선 선생은 ‘진역(震域; 동쪽에 있는 나라라는 뜻으로 우리 나라를 달리 이르는 말)의 최대저술(最大著述)은 무엇입니까?’ 라는 물음에 다음과 같이 스스로 대답했다고 한다.

“일가집(一家集)의 큰 것으로는 송시열(宋時烈)의 [송자대전(송자대전)] 215권 102책, 정조의 [홍재전서] 184권, 100책, 서명응의 [보만재총서] 수백 권, 정약용의 [여유당집] 500권, 성해응의 [연경재전서] 150권 등이 있고, 그 최대한 것으로는 최한기의 [명남루집] 1,000권이니 아마 이것이 진역 저술 상에 최고기록이요, 또 신구학을 구통한 그 내용도 퍽 재미있는 것이지마는 다만 대부분이 미간으로 있고, 원본조차 사방에 산재(산재)하여 장차 어떻게 될지 모르는 상태에 있음은 진실로 딱한 일입니다.” < 최영진, [최한기의 철학과 사상], 79쪽 >

그가 그렇게 많은 책을 집필할 수 있었던 것은 그의 독창적인 학문에 대한 주체성과 세상의 그 어떤 일, 심지어 출사하여 세상에서 관직을 얻는 것보다 공부와 저술을 더 중요하게 생각했기 때문이었다고 필자는 생각한다.

– 전통적인 학문의 권위에 도전하다.

그는 전통적인 학문의 권위에 무조건 순응하고 받아들이는 것을 용감하게 거부했고, 철저한 평가를 통해 무의미하다고 생각하는 것은 과감하게 버렸다. 그래서 그의 글쓰기 자체도 기존의 선비들의 글과 완전하게 달랐던 것이다.

“ 전통 학문에 기대기를 포기했으므로, 그는 학문을 전혀 새로운 토대 위에서 완전히 새롭게 구축해야 했다. 혜강은 선험적 지식의 확인으로서의 학문이 아니라 경험적 지식의 검증과 확충으로서의 학문을 구상했다. 그래서 성즉리라는 주자학의 모토가 이를테면 성즉기로 바뀌었고, 거경(居敬)이나 궁리(窮理) 등이 추측(推測)과 변통(變通) 등으로 바뀌었다. 이 전환은 곧 <글쓰기>의 변화를 몰고 왔다. 그는 이전의 권위에 기대지 않고, 근대의 에세이처럼 자신의 사상을 자유롭게 조직해 나갔다. 기존의 개념과 언술들은 혜강의 개성적 표현과 문체 속에서 전

혀 다른 의미를 띠고 등장한다." < 권오영 외, [혜강 최한기], 7 쪽 >

그래서 혜강 선생은 새롭고 독창적인 기학(氣學)이라는 학문을 수립했던 것이다. 그가 과거의 전통과는 전혀 다른 새로운 학문을 구상하고 그것을 통해 새로운 학문 세계를 열고자 한 것은 그의 도전정신과 개혁정신에서 비롯되었다고 볼 수 있을 것 같다.

" 그는 실학의 문제의식과 기철학의 전통을 발전적으로 계승하는 한편, 서양학의 장점을 섭취하여 전혀 새로운 학문을 구상하였다. 그는 자신이 수립한 학문을 '기학(氣學)' 이라 부르고 있는데, 천지만물과 사회와 사람의 기(氣)의 운행 변화를 규명하는 것이 기학의 과제이다. 기의 운행변화는 '운화' 라는 특별한 용어로 표현되는데, 운화에는 주요한 세 가지 수준이 있으니 천지운화(天地運化), 통민운화(統民運化), 일신운화(一身運化)가 그것이다. 천지운화는 우주, 자연의 기의 운행을 가리키는 말이요, 통민운화는 사회적, 공동체적 수준에서 전개되는 기의 운행이며, 일신운화는 인간 개체 단위에서 이루어지는 기의 운행이다. 일신운화는 통민운화에, 통민운화는 천지운화에 복속된다. 이러한 복속은 ‘승순(承順) ‘이라는 특별한 용어로 표현된다. 그러므로 일신운화를 알기 위해서는 통민운화를 알아야 하며, 통민운화를 알기 위해서는 천지운화를 알지 않으면 안 된다. 그러나 이 세 가지 수준의 운화는 상호 교섭하면서 유기적으로 통일되어 있는바, 이를 표현하는 말이 ’ 천인운화 ‘이다. 이런 점에서 기학이란 천지자연과 사회와 개인을 기의 운행이라는 관점에서 일체적으로 파악하고 유기적으로 이해하려는 학문으로 규정할 수 있다. 기학을 ’ 천인지학 ‘ 혹은 ’ 일통지학 ‘이라 한 까닭이 이에 있는 것이다.”

< 박희병, [선인들의 공부법], 208 ~ 209쪽 >

한 마디로 혜강 최한기 선생은 이 모든 것들이 기의 운행이라는 관점에서 보고 있는 것이다. 대부분의 학자들이 과거의 전통과 학문을 어느 정도 계승하고 발전시켰다는 점에서 혜강 최한기 선생은 매우 자유분방한 학문에 심취해 버린 학자라고 말 할 수 있을 것이다.

– 책 보기를 좋아해서 잠 못 이룬 소년

최한기 선생은 책 보기를 매우 좋아했고 총명했다고 전해진다. 특히 특별한 책을 유난히 좋아해서 책을 얻게 되면 매우 기뻐하고 즐거워했다고 한다.

" 최한기는 어려서부터 총명하였고 성동(成童)이 되어서는 책 보기를 좋아하여 매번 '기서(奇書)를 얻으면 즐거워 잠을 자지 못했다고 한다. 최한기는 두뇌가 명석하고 이해력이 풍부하였다. 13세 때 어머니가 두어 달 병상에 누워 계실 때 [삼국지(三國誌)]를 우리말로 해석해 주어 병든 어머니를 위로하기도 하였다." < 권오영 외, [혜강 최한기], 21쪽 >

그가 얼마나 어려서부터 총명한 인재였는지를 잘 알 수 있는 대목이 아닐 수 없다.

결국 혜강 선생이 어려서부터 책을 유난히 좋아했던 것이 결국 1000권이라는 책을 집필할 수 있게 해 준 원동력이 되어 주었다고 볼 수 있다.

총명하지 못 하고 우둔한 필자조차도 평범한 삶을 살다가 수 천 권의 책을 지독하게 읽자 한 달에 한 권 이상의 책을 출간하는 비범한 삶을 살아갈 수 있었었다. 그런데 총명하고 명석하고 이해력이 풍부했던 혜강 선생이 그것도 어렸을 때부터 책을 유난히 좋아해서 책 읽기를 좋아하여 책을 읽었다면 그가 엄청난 약의 책을 집필하는 것은 어쩌면 너무나 당연한 일이라고 할 수 있을 것이다.

책 보기를 좋아했던 명철한 소년 최한기는 '기서' 를 얻으면 즐거워서 잠을 이루지 못 했다고 한다. 정말 책에 미친 청춘이 아닐 수 없다. 이렇게 책에 미친 사람이 결국에는 일가를 이루게 되는 것 같다.

어렸을 때부터 책을 읽기는 좋아한 이들은 모두 훌륭한 인생을 살아가게 되는 것 같다. 워렌 버핏은 어렸을 때 자신의 아버지 서재에 있는 책들을 모두 섭렵했다고 한다. 빌 게이츠도 역시 자신의 동네 도서관에 있는 책들을 거의 다 섭렵했다고 한다. 중국의 국부였던 모택동도 역시 어렸을 때부터 책 읽기를 매우 좋아했던 인물이었다.

대문호였던 도스토예프스키는 ‘한 인간의 존재를 결정짓는 것은 그가 읽은 책과 그가 쓴 글이다.’ 라는 말을 한 적이 있다. 그의 말처럼 책읽기를 좋아하는 사람들은 결국 자신의 존재를 드높이는 사람들이라고 말 할 수 있다.

이 세상에서 얼마나 많은 이들이 독서를 통해 인생의 새 장을 열었는지를 알게 된다면 우리 모두 놀라지 않을 수 없을 것이다. 혜강 최한기 선생도 역시 책읽기를 통해 새로운 학문의 세계를 개척할 수 있는 토대를 마련했던 것이다.

– 출사보다는 공부를 선택하다.

혜강 최한기 선생이 조선 제일의 집필가가 될 수 있었던 이유는 무엇일까? 결국 이 세상에 공짜는 없다는 말과 다를 바 없을 것 같다. 즉 세상에 나가서 출세하는 것을 포기하고 공부에 전념을 했기 때문이라고 밖에는 말할 길이 없을 것이다.

아무리 머리가 좋고 총명하다고 해도 세상에 나가서 출세를 하며 벼슬 관직을 받게 되면 자연스럽게 혼자 하는 공부, 스스로 하는 공부를 등한시 할 수밖에 없다. 그리고 이렇게 되는 이유는 시간적인 제약이 가장 큰 원인일 것이다.

그래서 출세를 원하는 사람들은 공부를 깊고 넓게 할 수 없다는 것이다. 이 세상은 정직하다. 하나를 잡기 위해서는 하나를 버려야 한다. 두 가지를 모두 잡는 다는 것은 어쩌면 욕심일 수 있기 때문이다.

심지어 공부를 하는 사람은 공부를 하면서도 조급해 하거나 지나치게 빨리 무엇인가를 이루기 위해 노력해서는 절대 안 된다. 공부는 하나씩 쌓아가는 축적이기 때문이다.

혜강 선생은 세상에 나가는 것을 마다하고 공부에 전념했던 그런 인물이었다. 이런 사실에 대해 이렇게 말하고 있는 대목을 살펴보자.

" 한편 1840년대 최한기는 당시의 세도가이며, 영의정인 조인영, 재상인 홍성주의 출사 권유도 마다하고 서울에서 오직 동서학문의 집대성을 위해 정렬을 쏟았다. 또한 1850년대에는 자신의 학문을 살찌우기 위해 부지런히 북경을 통해 새로운 서적을 입수하여 연구하였다. "
< 권오영 외, [혜강 최한기], 28쪽 >

재미있는 사실은 혜강 선생에게 공부는 배우는 것이면서도 동시에 가르치는 것이었다는 점이

다. 즉 배우는 것과 가르치는 것은 별도의 것이 아니라는 것이다. 그래서 그가 1000권이나 되는 많은 책을 저술한 것도 역시 공부의 일환이었다는 사실을 깨닫게 된다.

“ 가르치고 배우는 것은 두 가지 일이 아니다. 내가 성실한 배움으로 선을 행하면 선을 향한 마음을 갖고 있는 사람은 나와 기운이 서로 감응하여 나의 가르침이 그 가운데 행해진다. 또한 다른 사람이 선을 행하기를 바라서 성실한 마음으로 깨우치고 지도한다면 나의 배움이 그 가운데 있다. 그러므로 스승과 제자가 마음을 같이하고 힘을 합쳐, 배우는 것으로 가르침을 밝히고 가르치는 것으로 배움을 밝히면 곧 모든 사람에게 통용되는 가르침과 배움이 될 수 있다. 누구에게나 통용되는 일로 배움을 삼는다면 가르침이 모든 사람에게 행해질 수 있지만, 단지 옛날의 지식을 주워 모으기만 하고 깨달은 바가 없다면 남을 가르칠 수 없다.”

< 박희병, [선인들의 공부법], 214 ~

215쪽 >

그에게 있어서 공부는 결국 배우고 가르치는 일이었고, 그의 말대로 그는 배우고 가르치는 일에 일생을 바쳤던 학자였던 것이다.

– 지칠 줄 모르는 탐구와 저술로 새로운 학문을 개척하다.

그렇다면 그는 과연 어떤 분야의 책들을 저술했을 까? 이 사실에 대해 잘 알 수 있는 대목이다.

“ 최한기의 저술 내용의 큰 주제는 요즘 학문 분류로 보면 철학, 정치학, 천문학, 행정학, 역사학, 지리학, 수학, 공학 등에 두루 관련되는 것이었다. 이러한 저술의 궁극적 목적은 자연과 사회, 인간의 순환과 변화성을 받들어 순응하면서 국가의 구성체인 민을 다스리고 안정시키는 것이었다.” < 권오영 외, [혜강 최한기], 56쪽 >

다른 책에 그의 학문적 업적에 대해 간단하게 서술된 부분을 살펴보자.

“ 최한기는 19세기 초중엽에 동서양의 학문

적 업적을 나름대로 집성하여 수많은 연구저서를 냄으로써 근대한국사상사에 지대한 기여를 했다. 그가 다룬 학문분야는 전통시대의 대학자들이 대체로 그랬듯이 너무나 다양하다.” < 최영진, [최한기의 철학과 사상], 70쪽 >

혜강 최한기는 한 마디로 지칠 줄 몰랐다. 지칠 줄 모르는 공부와 저술활동을 70대 까지 계속해서 이어갔다. 그래서 그의 저작들을 보면 그의 평생을 통해 꾸준히 엄청난 저작들이 계속해서 쏟아져 나왔다는 사실을 알 수 있다.

혜강 최한기 선생이 지칠 줄 모르는 탐구 정신으로 지속적인 공부를 해 나갈 수 있었던 것은 조급하게 빨리 성과를 보려고 하지 않고 평생을 거쳐서 그때그때 해야 할 일이 있고, 그때마다 그일을 해 나가야 한다는 사실에 대해서 알고 있었기 때문이 아닐까? 그는 가르치고 배우는 일에 있어서 효과를 빨리 얻으려 하게 되면 중도에 포기하기가 쉬워진다고 말한다.

또한 명예와 이욕을 위해 가르침과 배움을 실천한다면 또한 중도에 포기할 수밖에 없음을 경고한다. 그가 모든 세상의 중심 원리로 보고 있는 기의 운행변화를 토대로 하여 가르침과 배움을 실천해야 평생 가르침과 배움을 유지할 수 있다고 그는 말한다.

" 가르침과 배움에서 효과를 빨리 얻으려 하는 자는 중도에 그만두기가 쉽다. 이는 기의 운행변화로써 가르침과 배움을 삼지 않고, 명예와 이욕으로써 가르침과 배움을 삼기 때문이다. 기의 운행변화는 빠르지도 않고 늦지도 않으나 잠시도 멈춤이 없거늘, 아침부터 저녁까지, 봄부터 겨울까지, 어려서부터 늙기까지 모두 그때그때 해야 할 일이 있다."

< 박희병, [선인들의 공부법], 218쪽 >

– 공부의 성과는 공부하는 사람 자신에게 달려있다.

혜강 최한기 선생은 공부의 성과는 공부하는 사람인 자기 자신에게 달려 있는 것이라고 말한다. 어떤 사람은 평생 공부를 해도 학문적인 성과가 미비하지만, 어떤 사람은 빠르게 성취해 나간다는 것이다. 그 차이가 바로 자기 자신에게 비롯된다는 것이다.

" 중년에 이르러 학업의 진취가 있는가의 여부와 많은가 적은가의 여부는 공부하는 사람 자신에게 달려 있다. 종신토록 초학(初學)을 면치 못하는 사람이 있는가 하면, 중년에 이르러 빠르게 성취해가는 사람도 있다."

< 박희병, [선인들의 공부법], 219쪽 >

혜강 선생은 또한 배움의 완성을 가르침에 두고 있다. 그래서 가르침이 효과를 보게 되면 후세에 점차 그 영향이 나타나게 되므로, 눈앞에 당장 배움의 효과를 평가해서는 안 된다고 말한다.

" 배움의 완성을 가르침에 두고 가르침의 완성을 천하후세에 두어야만 비로소 배움이 완성된다고 말할 수 있다. 천하후세에 마땅히 행해야 할 도를 배워서 가르침이 천하후세에 점차 완성되기를 기다려야 할 것이니, 어찌 꼭 눈앞에 당장 나타나는 효과만을 갖고 말하겠는가."

< 박희병, [선인들의 공부법], 222쪽 >

배움의 완성을 가르침에 두고 있는 혜강 선생은 가르침이 잘 행해지기 위해서는 네 가지를 조심해야 한다고 말한다. 제 멋대로 욕심을 부리거나 남을 이기려고 하거나 노래와 여색과 잡

기에 빠지거나 부귀와 영달에 빠지는 것들을 경계하고 조심해야 한다고 말했다.

"가르침이 행해지지 않는 데에는 네 가지 까닭이 있다. 배움의 길은 발견했어도 제멋대로 욕심을 부려 배우는 차례를 따르지 않는 것이 그 하나요, 배움으로 들어가는 문을 찾지 못해 마음과 힘만을 헛되이 낭비하는 것이 그 둘이며, 마음이 차분히 안정되지 못해 이치를 궁구하지 못하는 것이 그 셋이며, 아직 방향도 모르는 주제에 스스로 잘 안다고 여기는 것이 그 넷이다.

가르침을 방해하는 것에도 네 가지가 있다. 제일 먼저 꼽을 수 있는 것은 노래와 여색과 잡기이다. 그 다음으로는 부귀와 영달이며, 그 다음으로는 문장과 기예(技藝)이다. 끝으로 무리를 지어 학문을 하면서 남을 이기려는 마음으로 모든 것을 판단하는 행태를 들 수 있다. 이것들 때문에 진정한 가르침과 배움이 존재하기 어렵다.

“ < 박희병, [선인들의 공부법], 218 ~ 219쪽 >

혜강 선생에게 공부의 성과는 잘 가르쳐서 후세에 큰 영향을 끼쳐서 마땅히 행해야 할 도를 잘 전달해 주는 것이었다. 그리고 반면에 그가 경계했던 공부는 글귀나 뽑아내며 옛 문헌을 많이 끌어다 인용하면서 일을 논하고 저술을 할 때 출처를 따져 논평하는 것이었다. 다시 말해 그는 박학한 것을 아무 쓸모없는 것이라고 말한다.

“ 세상에서 말하는 박학이란 훈고(訓詁)를 자랑하고 글귀나 뽑아내며, 일을 논할 때에는 반드시 옛 문헌을 많이 끌어다 인용하고, 저술을 할 때에는 반드시 어떤 사실의 출처를 따져 논평하는 것이다. 이처럼 박학은 아무 쓸모없는 것인데도 우리나라의 풍속에서는 이를 숭상한다.” < 박희병, [선인들의 공부법], 221쪽 >

혜강 선생에게 있어서 공부란 후세에 가르쳐 더 나은 세상을 만드는 것이었지, 많은 지식을 배우고 축적하는 것이 아니었다.

– 공부란 본래 평화로운 것이다.

혜강 선생에게 공부란 어떤 것이었을 까?

한 마디로 '평화로운 것' 이었고, '모든 사람들이 평화롭게 살아갈 수 있도록 도와주고 분쟁을 해결해 주고, 혼란을 막고, 위기에서 구해주고, 어리석은 사람을 깨우쳐 주는 것' 이었다.

그가 학문에 대해 주장했던 말을 살펴보면 이러한 사실에 대해 정확하게 알 수 있다.

" 학문(공부)이란 본래 평화로운 것이다. 인간사의 분쟁을 학문을 통해 화해시키고, 정치가 도리를 잃은 것을 학문을 밝혀 바로잡으니, 혼란을 막고 위기를 구해주며 어리석은 것을 깨우치고 악을 감화시키는 것이 바로 학문의 본의이다. 그러나 그릇된 학문을 하는 자를 보면 항상 남을 이기려는 마음을 방자히 가져 바람이 잠잠하건만 파도를 일으키고, 늘 자신의 결점을 숨기려고 문자를 빌려 자신을 엄호하는 방법으로 삼는다. 그러니 어찌 그 입에 올라 온전한 사람이 없다뿐이겠는가? 심지어는 붓끝으로 사람을 죽이기까지 하는 것이다. 이 같은 학문을 하는 자가 조정에 기용된다면 당파싸움이 일어나게 되는 것이고, 이 같은 학문이 후세에 전해진다면 무리를 지어 극심하게 싸우게 되는 것이니, 학문의 본의가 어디에 있단 말인가."

< 박희병, [선인들의 공부법], 224쪽 >

혜강 선생은 공부란 본래 평화로운 것이고, 해결책을 강구하는 것이고, 혼란을 막는 것이고, 어리석음을 깨우치는 것이지만, 그릇된 공부를 하는 사람들은 항상 남을 이기려고 하고, 그래

서 자신의 부족함을 덮고, 감추기 위해 공부를 한다는 것이라고 말한다.

혜강 선생에게 공부는 남을 이기기 위한 경쟁의 도구가 아니라, 평화로운 세상을 만들고, 분쟁을 해결하고 어리석을 것을 깨우치는 그런 도구이자 수단이었던 것이다. 무엇보다도 공부라는 것을 배우는 것과 가르치는 것을 별 개의 것으로 보지 않는 다는 점에서 더욱 더 공부가 자기 자신의 성공과 출세만을 위한 것이 아니라는 사실을 정확히 알 수 있을 것이다.

학문의 성취의 기준으로 그는 실천과 후학을 위해 길을 열어주는 것을 삼았기에 그는 더욱서 세상을 위한 공부를 했던 학자라고 생각해도 큰 무리가 아닐 것이라고 필자는 생각한다.

“ 학문에 종사하는 자가 천만이나 되지만 학문을 성취하는 자는 대단히 드물다. 학문의 성취는 무엇으로 기준을 삼을 것인가? 하늘과 사람의 큰 도를 분명히 이해하여 자기 몸에 실천하고 후학을 위해 길을 열어주는 것, 이것이 바로 그 기준이다."

< 박희병, [선인들의 공부법], 225쪽 >

“ 필자가 생각하는 선비란 한 마디로 ‘책을 많이 읽고 자신을 발전시킬 줄 알았고 그로 인해 세상의 재물과 권력에 연연하지 않으면서 인격과 마음 수양을 꾸준히 하여 법도를 알고, 예의와 의리를 지켜 낼 줄 알고, 가난이나 시련 속에서도 공부의 기쁨을 포기하지 않고 부단히 공부에 매진할 줄 알았던 참 된 공부하는 사람 ‘이라고 정의하고 싶다. “ -저자-

제 4 부. 우리가 알아야 할 공부의 뿌리

– 선비란 어떤 사람들이었을까?

과연 선비란 무엇일까? 한 마디로 '책 읽는 조선 시대의 지식인들'이라고 할 수 있다. 책을 읽으니까 지식이 쌓이게 되고, 의식과 사고가 향상되는 것은 당연한 일이었다. 하지만 필자가 생각하는 진정한 선비란 책만 읽는 사람이라는 편협한 의미에서 벗어나고 싶다.

필자가 생각하는 선비란 한 마디로 '책을 많이 읽고 자신을 발전시킬 줄 알았고 그로 인해 세상의 재물과 권력에 연연하지 않으면서 인격과 마음 수양을 꾸준히 하여 법도를 알고, 예의와 의리를 지켜 낼 줄 알고, 가난이나 시련 속에서도 공부의 기쁨을 포기하지 않고 부단히 공부에 매진할 줄 알았던 참 된 공부하는 사람 ‘ 이라고 정의하고 싶다.

자신들의 끼니를 걱정하기에 앞서 백성들의 끼니를 걱정하는 사람들이 있다면 이들이 바로 조선의 참 된 선비가 아닐까?

조선시대 선비들 중에서는 청렴을 평생 지켜온 선비들도 적지 않았다. 지금 이 시대에 비하면 훨씬 많은 숫자라고 할 수 있다. 한 평생을 옷 한 벌과 이불 하나로 지냈던 선비들, 한 밥상에 두 고기 반찬을 올리지 않았던 선비들, 당당하게 청빈을 즐겼던 선비들, 이들이 바로 조선 시대의 참 된 선비라고 할 수 있지 않을 까?

물질 만능 주의에 찌들대로 찌든 현대인들에게는 답답하고 궁상맞은 삶으로 보일지 몰라도 이들은 돈보다, 물질보다 정신과 학문의 세계를 더 숭상했던 선비들이었다.

일반적으로 말할 때 선비는 '유교의 인문학적 소양을 갖춘 조선 시대에 살았던 그 사회의 지식인들'이었다. 그런데 유교의 인문학적 소양의 본질은 참자아의 완성이었다. 부나 명예보다 참자아의 완성을 더 중요하게 여겼던 것이다. 그래서 이들은 자아를 확립하여 그 당시에 이름을 날리기 보다는 자신의 이름을 후세에 남기기를 좋아했던 사람들이었다.

결론은 한 마디로 '선비란 책을 읽고 공부하여 후세에 이름을 남기고자 했던 사람들'이었다. 그리고 그 과정에서 '책을 읽고 공부하여 자신을 완성시켜 나가는 과정'이 절대적으로 빠질 수 없는 선비라면 반드시 해야 하는 것, 즉 선비와 공부가 동격이 되는 그런 사실을 부인할 수 없다는 것이다.

그런 점에서 조선시대 공부하는 사람이나 책 읽는 사람이 바로 선비였던 것이다. 하지만 그저 책만 읽었다고 그 사람을 선비라고 하기에는 뭔가가 부족하다. 왜냐하면 선비 정신이란 ‘온몸으로 인식하고, 온몸으로 성찰하며, 온몸으로 시험하고, 온몸으로 실천하는 것을 토대로 하여 자신의 공부와 삶을 일치시키는 것’이기 때문이었다.

선비 정신은 그 어떤 사상보다 더 고결한 정신이며 사상이기에 지식적으로만 인문학적 소양을 갖추었다고 해서 선비라고 할 수 없는 것이다. 삶의 모든 부분에 있어서 선비다워야 참 된 선비라고 말할 수 있다는 것은 그만큼 삶과 공부를 동일시하는 선비들의 정신 세계가 반영되었다고 할 수 있을 것이다.

물론 한 두 명의 예외는 있을 수 있지만 대부분의 선비들이 유교의 인문학적 소양을 갖추었다는 점에서 유교가 추구하는 정신을 살펴 보면, 선비들의 삶과 공부에 대해 조금 더 구체적으로 이해할 수 있을 것이다.

" 유교는 거경(居敬)과 궁리(窮理)와 역행(力行)이라고 하는 세 가지 학문정신을 기축으로 한다. 공부하는 사람은 세계와 삶을 외경으로 대하고, 만사 만물의 이치를 부단히 탐구하며, 배워서 안 것을 힘써 실천해야 한다는 것이다. 이것들은 물론 각기 고유의 영역을 가지면서도 상호 유기적으로 연계되어 있다. 즉 실천은 사리의 인식 없이는 오류에 빠지고 말 것이요, 반면에 사리의 인식은 실천으로 나아가지 않으면 공허하며, 양자는 오롯하고 경건한 마음 속에서만 소기의 성과를 거둘 수 있다. 선비들의 학문 수준과 더 나아가 자아 완성의 정도를 우리는 이러한 관점에서 평가해 볼 수 있다. 유교는 기본적으로 참자아의 발견과 완성을 평생의 과제로 삼는 인간학(爲己之學)으로서 거경과 궁리, 역행이 모두 그것을 궁극의 목표로 삼기 때문이다." < 김기현, [선비], 291 ~ 292

쪽 >

선비는 한 마디로 조선시대에 자신의 발전과 완성을 평생의 과제로 삼아 책을 읽고 공부하는 사람이었던 것이다.

– 공부의 유래를 찾아서

공부의 뿌리는 과연 누구이고 어떤 것일까?

필자로 하여금 작가 인생을 살 수 있게 해 준 것이 바로 공부였고, 2년 전에 출간된 첫 책도 공부 책이었고, 가장 많이 읽힌 책도 공부와 독서 책이었다. 한 마디로 필자와 공부는 떼어놓을 수 없는 그런 인연이 있는 듯하다.

필자가 첫 책을 내면서 공부의 유래에 대해서 쓴 적이 있는 데, 여기에 좀 더 내용들을 폭넓게 추가하여 다시 한 번 공부의 유래를 살펴보고자 한다.

공부라는 말은 인류 역사상 누가 가장 먼저 사용했을 까?

이 질문에 대한 대답은 '정확히 알 수 없다' 는 것이다. 즉 공부라는 말이 언제 어떻게 만들어졌는지는 불분명하다는 것이다.

특히 공부, 학습, 배움이란 말이 한국에는 널리 통용되고 있다. 그래서 학습이나 배움이란 말이 거의 공부와 비슷하게 쓰이고 있는 것도 사실이다. 하지만 비슷한 의미의 학습이나 배움은 많지만, '공부' 라는 말은 흔하지 않다는 것을 또한 알 수 있다. 하지만 공부라는 말의 유래와 어원이 명확하게 하나의 주장만이 있는 것이 아니라, 여러 가지 주장이 있음을 공부란 말에 대한 유래를 찾고자 하는 사람이라면 쉽게 알 수 있다.

그래서 필자는 여러 가지 주장과 새로운 주장을 모두 간단하게 살펴봄으로써, 선조들의 공부에 대한 이해를 돕기 위한 공부의 뿌리를 찾아가 보기로 했다.

동양권의 중심이라고 할 수 있는 중국을 가장

먼저 살펴보기로 했다.

중국에서 공부라는 말의 어원을 살펴보면, 현재 한국 사회에서 한국인들의 공부의 의미와는 전혀 다르다는 사실에 놀라게 된다.

중국에서는 '공부(工夫/功夫)' 라는 말이 노동자들을 지칭하는 대명사로 사용되었기 때문이다. 즉 임시로 고용을 한 노동자를 '공부' 라고 하였다고 한다. 마치 우리나라에서 지금도 광산에서 광물을 캐는 사람을 부를 때, 광부(鑛夫)라고 쓰는 것과, 일꾼이나 막일꾼, 또는 광산에서 광부 외에 쓰이는 인부들을 지칭할 때, 잡부(雜夫)라고 부르는 것과 관련이 있는 것 같다는 생각을 쉽게 할 수 있다.

. 또한 중국에서는 '공부(임시 고용 노동자) 들에게 허용된 시간이나 짬' 등도 함께 의미하는 단어였다고 한다. 현재 사용되고 있는 중국어를 살펴보아도, 이러한 의미로 아직도 사

용 되고 있음을 알 수 있다. 즉 중국어로 工夫[gōngfu]는 '시간, 틈, 여가, 때, 시' 와 같은 의미와 '임시 고용 노동자, 품꾼' 이라는 의미로 사용 되고 있다.

현재뿐만 아니라, 과거에도, 부(夫)자가 사내부 자임을 볼 때, 일꾼들을 지칭하는 용어였다는 주장은 신빙성이 있어 보인다. 처음에는 그렇게 사용 되다가, 공부라는 단어의 뜻이 변화되어, 송나라 이후부터 공부라는 단어의 뜻이 솜씨, 노력 등을 의미하는 말로 굳어 져서 사용되었던 것이라고 할 수 있다.

현재 중국어를 살펴보아도, 공부라는 단어가 솜씨, 노력을 의미하는 단어로 사용하고 있음을 알 수 있다. 즉 '水磨工夫[shuǐmógōngfu]' 라는 단어의 의미는 '세밀하고 정교한 솜씨' 를 말하고 있고, '시간과 노력을 들이다. 수련을 쌓다' 의 의미로 현재 중국어에서는 '用工夫 [yònggōngfu]' '费工夫 [fèigōngfu]'라는 단어를 사용하고 있다.

즉 중국에서는 공부(工夫)라는 단어를 임시 고용 노동자와 시간, 틈, 여가, 때 와 같은 기본 의미로 사용하고 있고, 여기에서 확장이 되어, 시간과 노력을 들이는 것과 솜씨라는 의미로도 사용하고 있다. 그런데, 이와 비슷한 의미로, 다른 단어가 사용 되고 있음을 우리는 알 수 있다.

즉, 중국에서는 또한, 솜씨, 재주, 기예의 의미로, '功夫 [gōngfu]'라는 단어도 사용하고 있다. 현재 중국에서는 '공부(功夫)' 라는 낱말을 '숙달된 기술, 재주, 솜씨' 등을 가리키는 말로 사용하고 있고, 좀 더 확장하여, 노력하다, 수고하다 등의 뜻에도, 이 단어를 함께 사용하고 있는 것 같다.

결론적으로 중국에서는 공부라는 단어의 의미가, 우리나라에서의 공부라는 의미인 '학문과 기술을 배우고 익힘' 이라는 정의와는 차이가 있다는 것을 우리는 알 수 있다. 하지만 우리가 한자문화권에서 오랫동안 있었던 나라이기에 중국에서 흘러들어온 공부라는 의미에서 완전하게 벗어날 수는 없을 것이다.

공(工) 자는 장인 공으로 지금도 사용하고 있고, 우리나라에서도, 그러한 의미에서 나온, 견습공(見習工), 인쇄공(印刷工)등으로 사용하고 있다. 하지만 필자는 조금 더 다르게 보고 있다. 왜냐하면 중국의 오랜 서책에는 공부의 공(工)자나 공(功)을 사용하여, 학문을 배우고 익힌다는 뜻으로 사용하는 경우를 찾아 볼 수 있기 때문이다.

예를 들어, 중국의 [예기]의 '학기' 편에는 '공견(功堅)' 이라고 하여 ' 학문을 잘 하는 사람은 마치 목수가 견고한 나무를 다듬듯이 먼저 쉬운 부분부터 했다가 점차 어려운 부분을 하는 것을 말한다고 적혀 있는 데, 그 책에는 학문을 잘 한다는 의미로 '공견(功堅)' 이라는 단어를 사용하였고, 여기서 공(功)자는 바로 한국에서 사용하는 의미의 공(功)자 즉, 공부(功扶)의 공(功)자와 비슷한 의미로 사용되었음을 알 수 있다.

또한 [중용]에는 '백천지공(百千之工)' 이라는 말이 나온다.

이 말은 '남이 한 번에 능히 하면, 나는 열 번을 하고, 남이 열 번에 능히 하면 나는 천 번을 한다. 그러므로 배우지 않으면 그만이지만, 만일 배운다면 능하지 못하면 절대 중단하지 말아야 한다' 라는 뜻의 문장에 사용된 말이 적혀 있다.

여기서도 공(工)자 역시 공부(工夫)의 공(工)자와 같은 의미를 사용 하고 있음을 알 수 있다. 또한 형설지공(螢雪之功)이라는 고사성어가 있음을 우리는 알고 있다.

어려운 처지와 형편 속에서도 굴하지 않고 공부를 멈추지 않고 계속 하는 것을 말하는 이 고사성어에도 공부(功扶/工夫)의 공(功)이나 공(工)자가 사용 되고 있음을 볼 때 중국에서도 학문을 익히고, 배운다는 의미가 공부라는 용어 또는 최소한 공(功) 또는 공(工) 자라는 말에 들어 있음을 우리는 알 수 있을 것이다. 그러므로 정확히 누구의 견해가 전적으로 옳다고는 할 수 없다는 것이다. 다만 이러한 용어들을 통해 중국에서도 공부를 의미하는 단어로 공(工)과 공(功)을 사용했음은 확실 한 것 같다.

– 또 다른 공부의 유래들

공부의 유래와 어원은 역시 다양하게 있다는 것이 필자의 최종 결론이다. 어떤 이들은 종교에서 정진하는 것으로 공부를 지칭하고 어떤 이들은 학문을 하는 것을 지칭하고, 어떤 이들은 마음을 수양하는 것을 지칭하고, 또 어떤 이들은 무술을 연마하는 것을 지칭하기도 한다. 그러한 다양한 유래들을 살펴보자.

어떤 학자들은 쿵푸라는 단어를 공부와 연관시켜서 설명하기도 한다. 하지만 쿵푸는 무술을 지칭하는 말로, 우리가 알고자 하는 공부와는 별로 관련이 없어 보인다. 하지만 어원적으로는 상당히 연관이 있어 보인다. 그래서 그저 제외시켜 버리기에는 뭔가 아쉬움이 남는 것도 사실이다.

위키 백과사전에서는 쿵푸(功夫, gōngfu)가 중국 무술을 가리키는 말이라고 설명되어 있다.

그리고 현재 중국어에서는 쿵푸의 의미를 다르게 사용하고 있다. 즉 다양한 의미가 있다는 것이다.

즉 일반적인 '솜씨, 기예'를 의미하기도 하고, '무술 방면의 솜씨'를 의미하기도 한다. 즉 중국에서 '功夫'라는 낱말은 무술자체를 의미하는 것이 아니라, 무술과 관련 없이 '숙달된 기술' '재능' '기량' '수완'을 가리키는 말로도 쓰이며, 그 솜씨 중에 무술 방면의 솜씨까지 다 포함하고 있다고 봐야 한다.

또 백과사전에서는 이 말을 중국에서 유래되어 세계 각지로 전파된 무술이라고 정의 하고 있지만, 실제 중국에서 이렇게 사용되는 것은 아님을 우리는 알 수 있다.

이것으로 볼 때, 한국적 의미의 공부는 쿵푸가 아님을 알 수 있다. 즉 쿵푸(功夫, gōngfu)는 우리의 공부라는 개념과 의미도 다를 뿐만 아니라, 공부라는 한자어와 다른 한자를 사용하고 있는 것임을 알 수 있다. 공부라는 단어의 앞에 한자와 뒤에 한자를 섞어 사용하고 있다는 것이다. 말하자면 어떤 학자는 공부(功扶)가 공부(工夫)로 축약되었다고 주장하고 있고, 이 주장이 맞을 경우, 위의 쿵푸는 공부와 전혀 관련이 없는 단어라고 말 할 수도 있다는 것을 알 수 있다. 하지만 어떤 학자는 우리가 사용하는 공부라는 단어가 쿵푸와 관련이 있다고 어떤 책에서 주장하고 있다.

한편 필자의 견해로는 중국에서의 의미인 '임시로 고용된 노동자' 라는 의미는 일본에서도 비슷한 유래를 찾아 볼 수 있는 듯하다.

일본에서는 '고후' 로 발음하면 '토목공사에서 일하는 일꾼' 을 의미한다. 그리고 한국에서도 비슷한 의미로 '잡부(雜夫)' 라는 한자어를 사용하고 있다. 즉 이 말은 지금도 한국에서는 광부 외에 쓰이는 일꾼이나 막일꾼들, 노동자를 의미하기 때문에 중국에서 처음에 사용된 공부라는 단어의 원래의 뜻과 서로 일맥 상통한다는 것을 필자는 발견했다. 즉 공부 라는 말은 최초에는 '노동자' '일꾼' 이라는 의미에서 시작 하였음을 발견했다. 공부는 장인과 관련된 일꾼, 노동자 라고 보면, 일본에서는 토목공사와 관련된 막 노동꾼의 의미로, 중국에서는 장인을 포함하여, 모든 일꾼들을 잡부 라는 말로 사용 되어 오다가 변천 하였음을 알 수 있는 듯 하다. 공부(工夫)라는 단어에 사용되는 부(夫)자가 사내 부 자를 사용하고 있다는 것을 볼 때, 최초의 의미에서 변천하여, 지금의 공부의 뜻으로 그렇게 변형 되어, 한국에 들어온 것이라고 볼 수 있을 것 같기도 하다.

또 다른 관점에서 공부 라는 말의 어원적 유래를 찾아보기로 하자.

'공부' 라는 단어를 사용한 곳을 찾아보면,

확실히 눈에 띄는 곳이 있다. 다름 아닌 불교이다. 불교에서는 과연 공부 라는 단어가 어떤 식으로 어떤 의미로 사용하였을 까? 먼저 불교에서는 공부라는 말을 '마음 수련에 전력을 다한다' 라는 넓은 의미로 사용한 듯 하다.

한국에서 많이 사용하는 마음공부, 인생 공부라는 뜻이 아마도 불교의 이러한 공부에서 시작된 것임을 우리는 직감할 수 있다. 즉 불교에서 사용했던 공부라는 용어가 현재의 의미와 가장 비슷한 공부라는 말을 사용했기 때문에, 공부라는 말이 불교에서 유래되었다고 주장하는 학자들이 있다.

불교에서는 '주공부(做工夫)' 라는 용어를 사용 했는데, '주공부' 라는 용어의 뜻은 '불도를 열심히 닦는 다' 또는 '마음 수련에 전력을 다한다' 와 같은 정도의 의미라고 한다.

필자가 찾아 본 결과 불교에서는 공부승(工夫僧) 이라는 말을 지금도 사용하고 있는 데, '불경을 배우는 승려' 라는 의미로 사용하고 있다. 이런 점에 비추어 볼 때, 공부라는 말의 어원 또는 최소한 현대적 의미의 공부라는 단어의 사용의 어원은 불교가 아닌가 하는 견해가 있는 것이다.

또 다른 견해는 중국의 주자학에서 찾고 있다. 주자학에서 공부라는 뜻의 의미로 맨 처음 사용했다고 보는 학자들도 있다. 즉 공부(工夫)라는 말은 과거의 공부(功扶)의 약자로 변형 되어 사용하고 있는 말인데, 원래 중국의 주자학에서 '공력을 북 돋는다' ' 공력을 돕는다' ' 공력을 힘쓴다' 라는 의미로 사용된 말이었다고 한다.

같은 의미로 다르게 사용하는 단어로는 염서(念書) 즉, '책을 읽는다.' 가 있는 데 이러한 말들이 비슷한 의미의 동의어라고 주장하는 학자도 있다. 그렇다면 공부와 염서는 같은 말인 것이다.

필자는 이 주장을 뒷받침하는 단어들을 많이 찾아내었다.

중국의 고서에 자주 나오는 단어들이다. 즉 [예기]의 '학기' 편에 나오는 '공견(功堅)'이라는 단어와 앞에서 이미 설명했던 단어인 '형설지공(螢雪之功)'과 같은 단어들과 '백천지공(百千之工)'과 같은 축약 후에 사용된 단어들을 볼 때, 좀 더 신빙성이 있는 듯하다.

– 일본에서의 공부의 어원적 의미

공부의 어원적 의미를 일본에서 찾을 수도 있다. 그렇게 본다면 일본의 공부는 무엇에서 시작 된 것일까?

현재 일본에서는 공부라는 의미와 비슷한 의미로, 면강(勉强) 즉 '힘써서 무엇인가를 하는 것' 이라고 한다. 중국에서는 학습(學習) 또는 독서(讀書) 즉 '책을 읽는 것' 정도의 의미로 사용됨을 알 수 있다.

그렇다면 한국에서는 공부를 무엇이라고 하나? 사전적 의미로는 '학문이나 기술을 배우고 익힘' 이라고 말 할 수 있다. 즉 같은 한자문명권 내에서도 공부에 대해 서로 다른 관념으로 변천 되어 온 것을 알 수 있다. 이에 대해서도 제 각각 다른 설명들이 있다.

앞에서 살펴 본 것 중에, 중국에서는 공부를

쿵푸로도 발음을 하기 때문에, 주자학에서 말하는 공부의 원 뜻은 "모든 신체단련"이라고 하는 학자도 있다. 그래서 중국에서는 '무술에서 몸과 마음을 조화롭게 단련하는 집약적 수련과정' 으로서의 쿵푸(工夫)로 우리나라에서 사용하는 공부라는 용어를 사용하고 있다는 것이다.

즉 공부라는 용어가 다양하게 변천되어, 다양하게 사용 되고 있음을 우리는 알 수 있다. 그리고 일본에서는 공부라는 용어를 쿠후(工夫)로 사용하고 있다고 한다. 이 말의 의미는 우리나라의 공부의 의미와 또 조금 틀리다.

즉 '무엇인가의 경지에 다다르기 위해 즉 도통하기 위해 요리조리 이모저모를 살피고 궁리한다' 라는 궁리, 고안, 생각의 의미로서 쿠후(工夫) 즉 공부라는 용어를 사용하고 있다고 한다. 즉 중국과 한국, 일본 각 나라에서는 공부라는 용어의 의미에 대해서 서로 조금씩 다르다는 것이다.

한편으로, 또 다른 주장도 있다.

한 준상박사의 [생의 가 배움]이라는 저서에는 공부의 어원을 일본에서 찾은 내용이 나온다.
즉 다음과 같은 내용이 있다.

어원학회에서는 '공부'의 어원을 일본의 검객의 수련에서 찾고 있다는 것이다. 간단히 말하자면 이렇다. 일본의 검객 미야모토 무사시가 수련을 마치고 산에서 내려오다가, 기름장수의 기름 따르는 솜씨를 보고, 자신의 검술의 부족함을 깨닫고서, '자신의 공부가 기름장수의 공부에 미치지 못하다' 라고 말을 하고, 다시 산에 올라가 공부를 했다고 한다.

여기서부터 공부라는 말이 '검술 또는 기술 등을 연마하고 익히는 것' 이라는 뜻으로 사용하기 시작했다는 것이다. 그렇다면, 여기서 공부는 처음에 살펴보았던 '숙달된 기술' 을 가리키는 말로서 공부(功夫)라는 낱말로 사용하고 있는 것이다.

또 다른 주장은 중국에서는 원래 공부(工夫)라고 쓰지 않았고, 공부(功扶)라는 말로 처음에는 사용을 하다가, 중국어의 축약 현상에 의해 축약 되어 지금은 공부(工夫)라고 흔히들 사용한다고 하는 것이다.

먼저 한자는 다할 공 功 자에 도울 부 扶 자이고 이 말은 어원적으로 '온 힘을 다하여 힘써 일한다' 또는 '힘을 다하여 돕다' 또는 '힘을 다하여 일을 돕다' 등의 기본적인 뜻을 가지고 있는 단어라는 것이다.

이것이 조금 변형되고, 발전하여, '학문이나 기술을 배우고 익힘' 이라는 간단명료하게 정의 하게 된 것이라고 한다. 이 견해는 너무 단순화 시킨 것 같기도 하다. 하지만 단순화 된 만큼 이해는 너무 쉽게 된다. 하지만 단순히 한 가지로 말 할 수 없는 것이 우리의 삶이듯, 너무나 간단하게 그 유래를 환원시킨 듯하다.

– 영어에서 살펴본 공부의 의미

영어와 접목을 시켜서 알아보는 것은 공부라는 말이 한자어이기 때문에 한자권 국가에서 유래를 찾는 것이 옳다는 생각을 필자는 하고 있지만 좀 더 폭 넓게 살펴보기 위해서라고 말 할 수 있을 것이다.

그래서 먼저 한자권 국가에서 그 유래를 찾아보았고, 나름대로 해석을 하였고, 새로운 주장도 필자는 하였다. 보충적인 의미에서 영어로 한번 피드백 해 보고자 한다. 왜냐하면 동양에서 시작되었으나, 현대적 의미는 오히려 영어를 사용하면 좀 더 명확하게 피드백 될 수도 있다는 것이 필자의 생각이기 때문이다.

동시에 필자는 서양에서 공부에 대해서 비슷한 단어들이 어떤 것이 있고, 서양 사회에서는 그러한 공부에 대해서 어떠한 개념 즉 패러다임을 갖고 있는 지 살펴보고자 한다. 이런 맥락에서 영어를 통하여 공부라는 서양적 의미를 정의해 보도록 하자.

공부라는 말을 나타내는 영어 단어를 먼저 살펴보도록 하자.

공부라는 말을 영어로 두 가지가 있다는 것을 알 수 있다. 즉 가장 일반적인 의미로 쓰이는 'STUDY' 와 하지 않으면 안 되는 조금은 강요의 의미가 있는 'WORK' 라는 단어들이 공부라는 의미의 영어 단어이다.

먼저 'study' 라고 하면 '공부' 라는 명사도 되고, '공부방' 이라는 뜻도 있다. 다른 말로 공부방은 미국에서는 'study hall' 이라고 한다. 우리가 말하고 있는 공부라는 가장 보편적인 의미의 단어임이 확실하다.

사용 예를 살펴보면, 그는 공부를 매우 좋아한다는 문장을 영어로 쓰면, 여러 가지가 있겠지만 사전에 나와 있는 가장 사전적인, 문법적인 문장은 'He is very fond of study' 가 된다. 이것의 형용사 격은 '공부를 좋아하는', '면학(면학)하는', 학문을 좋아하는' 이라는 뜻의 'studious' 라는 말을 사용한다. 그래서 학문을 좋아하는 소년 또는 공부를 좋아하는 소년을 영어로 표현하면 'a studious boy' 가 되는 것이다.

연구, 학문, 학과, 연구 논문, 연구 업적이라는 의미로 ' studies' 라는 복수형태가 광범위로 쓰이고 있기 때문에 학문적 공부는 study 라는 용어가 더 옳다고 볼 수 있다.

그렇다면 이제 또 다른 공부라는 단어인 'work' 에 대해서 알아보자, 즉 공부라고 할 때 work 라는 단어를 사용하기도 한다. 즉 서양에서는 'work' 라는 단어를 사용하여 표현하는 '공부' 는 약간의 의무감, 강제성이 포함되어 있는 즉 살기 위해서 해야만 하는 것이라는 의미가 깔려 있음을 우리는 알 수 있다.

그래서 'Worker' 는 '일 하는 사람', '일 하는 것' 도 되지만 동시에 '공부하는 사람' 도 된다는 것이다. 그래서 '라틴어 공부를 하다' 라고 영어로 표현하면, 'He works away at his Latin' 이라고 표현할 수 있는 것이다. 또한 비슷한 용례를 살펴보면, 'All work and no play makes Jack a dull boy' 라는 속담이 있는 것이다.

즉 공부만 하고 놀지 않으면 바보가 된다는 뜻인 것이다. 그리고 서양 사회에서는 숙제를 'homework' 라고 재미있게 표현 한다. 즉 집에서 해야 할 공부 또는 과제라는 것이다. 또 학업을 'schoolwork' 라고 하기도 한다.

나머지 용어들 즉 learning, lesson은 필자가 말하는 공부라는 의미와는 다르기 때문에, 즉 학습, 학과 등으로 한 단계 건너 뛰어 사용되는 용어이기 때문에 공부라고 바로 해석하지는 않는 다는 것을 알 수 있다.

이것들을 종합해 보면, 서양에서는 공부를 학문적인 성격으로 말 할 때는 study라는 단어를 사용하고 있고, 업무적인 성격으로 즉 business 분야에서는 work 라는 단어를 사용하고 있지만, 그 경계는 사실상 무너지고 있음을 우리는 살펴보았다. 자 어느 정도 공부의 서양적 의미를 알 수 있을 것이다.

또 다른 서양적 의미를 찾기 위해, 우리는 낱말 하나 하나를 풀어서, 그 뜻을 유추해 볼 수도 있다. 즉 공부의 공(工)자는 영어로 해석하면, to achieve, to accomplish 즉 무엇인가를 성취한다는 뜻이 된다. 그리고 공부의 부(夫)자는 to support, to aid 즉 도와주고 지원한다는 뜻이다.

또 다른 해석은 공부의 공(工)자는 영어로

artisan 즉 장인이란 뜻도 있으므로, 또 다르게 보면 장인이 되기 위해 도와주고, 지원하는 것, 자신의 학문이나 기술을 지원하고 도와주는 것' 이라는 뜻도 된다. 장인이란 뜻을 넓게 생각하면 어떤 분야나 어떤 것에서 마스터한다는 의미이므로, 공부를 어떤 분야에서 최고의 수준 즉 마스터가 되기 위해 하는 활동이라고도 할 수 있다.

이러한 문자적 의미에서 조금 발달하여, 비슷한 뜻이지만, 한국에서는 공부가 학문이나 기술을 배우고 익히는 것을 의미하게 되었다. 때로는 시험공부 자체를 공부라 하기도 하고, 때로는 인생 공부도 광의(廣義)의 뜻으로 공부라고 하기도 한다.

즉 의식적이든 아니든 공부의 의미를 어느 정도는 모두 다 비슷하게 생각하고, 비슷하게 그 뜻을 정의하고 있다는 것이다.

이제 공부를 재해석하고 재정립하여 새로운 개념을 탄생 시켜야 하겠다. 왜냐하면 우리나라에서는 이미 공부를 단순히 지식을 축적하는 것만으로 보지 않고, 마음 수양과 인생 공부라는 말이 생긴 것과 같은 맥락으로 특히 한국 사람들은 공부의 의미를 무의식적이든, 의식적이든, 참 된 인생의 수양으로 보기도 한다는 것이다.

물론 학생들이 학교에서 하는 것을 공부라고 하거나, 입학이나 취업을 하기 위해 해야 하는 것, 혹은 시험에 합격하기 위해서, 졸업을 하기 위해서, 학위를 받기 위해서 해야 하는 것이 좁은 의미의 공부라고 할 수 있을 것이다.

그렇다면 비록 공부라는 단어가 중국에서 맨 처음 유래 되어, 지금은 조금씩 다른 의미로 중국과 일본에서 사용하고 있지만, 가장 넓은 의미로, 사용하고 있는 곳은 한국임이 확실 한 것 같다. 다시 말해 공부 강국은 일본이나 중국이 아닌 한국이 아닐까 하는 그런 생각을 해 보기도 한다는 것이다.

이러한 변화를 통해 문자적 뜻은 결국 공부는 학습하고 배우는 일련의 과정과 활동을 총칭하여 우리 사회에서는 공부 한다고 한다. 학생이 학교에서 배우는 것도 공부이고, 일반인이 도서관에서 스스로 찾아서 무엇인가를 알아가고, 습득하는 활동 또한 공부인 것이다.

그리고 누군가가 삶의 회의를 느껴서, 모든 것을 버리고, 산 속에 들어가 도 닦는 것도 공부라고 한다. 인생을 살면서 좋은 경험을 통하여 자아가 커 나가는 것도 우리는 좋은 공부를 했다라고 한다.

– 우리 선조들, 특히 조선 선비들에게 공부란?

자, 이제까지는 서론이라고 할 수 있다. 왜냐하면 지금부터 우리가 궁금했던 조선의 선비들에게 있어서 공부란 무엇이었을까? 란 주제에 대해 본격적으로 살펴보기 시작하기 때문이다.

조선의 선비들과 조선시대에 있어서 공부란 과연 어떤 의미의 것이었을 까?

이와 관련하여 재미있는 일화가 소개 되어 나오는 책이 있다. 그 책에서 소개되고 있는 우리 조선 선비들의 공부의 정의에 대한 일화를 엿들어보자.

" 공부(工夫)란 무슨 뜻일까?

공부라는 말을 모르는 사람은 거의 없을 것이다. 그러나 그 뜻이 무엇이냐고 물었을 때, 선뜻 대답을 할 사람도 흔치 않다. 현대인만 그런 것이 아니라, 예전 사람들도 그랬다. 조선 명종(明宗) 때, 임금이 신하들에게 '공부의 뜻이 무엇이냐?' 고 물었는데, 아무도 답변을 하지 못했다. 임금에게 성인의 학문을 가르치는 최고의 학자들도 그랬다.

그때 마침 참찬관(參贊官)으로 입시(入侍)했던 조원수(趙元秀)가 다음과 같이 아뢰었다.

" 공부(工夫)의 공(工)은 여공(女工)의 공(工)자와 같고, 부(夫)는 농부(農夫)의 부(夫)자와 같습니다. 말하자면 사람이 학문을 하는 것은 여공이 부지런히 길쌈을 하고, 농부가 힘써 농사를 짓는 것과 같이 해야 한다는 뜻입니다."

이후로 조원수가 임금에게 아뢴 말이 공부의 개념을 말한 훌륭한 답변으로 인정되어 사람들의 입에 오르내렸다. " < 최석기, [우리가 꼭 알아야 할 공부], 13쪽 >

공부의 어원에서 살펴본 것처럼 공부(工夫)

는 공부(功夫)라는 말과 함께 통용되었고, 크게 구분하지 않았다. 하지만 조선 시대의 선비들은 공부(工夫)라는 어휘를 더 많이 사용한 것으로 보인다. 그리고 그 때의 공부는 지금 우리들이 말하는 공부와 별반 다르지 않다고 생각해도 무리가 따르지 않는 다.

조선 선비들 중에서 책을 가장 많이 집필한 선비가 누구일까?

일단 다산 선생은 500여 권의 책을 집필했다. 그리고 그 책들이 많이 남아있고 전해져 내려온다. 하지만 전해져 내려오지 않지만 가장 많이 집필한 선비는 다산 선생이 아니라 혜강(惠崗) 최한기 선생이다.

혜강 선생은 1000여 권의 책을 집필한 조선의 선비이다. 하지만 아쉽게도 지금 그 책들이 다 전해 내려오지 못 하고 있다. 그런데 그런 분은 공부를 무엇이라고 생각했을 까?

한 마디로 혜강 선생에게 공부란 '천리(天理)에 순응하는 것' 이었다. 즉 공부란 자연을 극복하는 것이 아니라, 자연의 이치에 순응하는 것이라는 것이다. 이런 사실에 대해 알 수 있는 대목, 혜강 선생이 직접 한 말을 살펴보자.

" 대개 고금의 공부는 천리(天理)에 순응하는 것을 위주로 하지 않음이 없었다. 그러니 자기가 천리에 합하지 않는 점에 대해, 어찌 천리가 나를 따르기를 바랄 수 있겠는가? 참으로 나로부터 변통해 천리에 합하도록 할 따름이다."
< 최석기, [우리가 꼭 알아야 할 공부], 25쪽
>

조선 시대에 가장 많은 책을 집필했던 혜강 최한기 선생에게 있어서 공부는 천리에 순응하는 것이었다. 그렇다면 조선 시대 선비들이 공부를 하는 이유는 무엇일까?

지금까지 필자가 공부해 온 것을 종합적으로 볼 때, 조선 선비들이 공부하는 이유는 자신을 변화시켜 성인, 현인이 되는 것이었다고 필자는 생각한다.

'학문을 하는 까닭은 기질을 능히 변화시키기 위함이다.'

16세기 남명 조식의 문인이었던 덕계 오건이 과거시험의 논술문제로 '학문을 하는 방법'에 대해서 한 말 중에 나오는 말이다.

' 학문은 이치를 궁구하고 마음을 바르게 하여 기질을 변화시키는 것을 말한다.'

라고 정개청이 말하기도 했다. < 출처. 최석기, [우리가 꼭 알아야 할 공부], 50 ~ 52쪽 참조 >

– 꼭 알아야 할 우리 선비들의 공부 비법.

조선 시대 최고의 지식 경영 대가는 필자의 소견으로는 다산 정약용이다. 그는 18년 동안의 유배지에서 500여 권의 책을 저술했고, 그의 학문 세계가 넓고 깊을 뿐만 아니라 정밀하기까지 하기 때문이다.

바로 이런 이유에서 조선 시대 최고의 지식 경영대가 라고 해도 손색이 없는 다산 선생의 공부법은 한 마디로 '초서법' 이다. 책의 처음부터 끝까지 전부를 베껴 쓰는 것은 필사이다. 하지만 다산 선생은 필사가 아닌 중요한 대목을 골라 뽑아서 메모하고 기록하는 공부법을 선호했다. 이것을 '초서 '라고 말한다.

그리고 선비는 아니었지만, 평생 책을 읽고 공부를 하여 일가를 이루었다는 점에서 조선 시대의 선비와 하나도 다를 바 없는 세종대왕의 공부법은 '백독백습' 이다. 백 번이나 반복해서 읽고, 백 번이나 쓰는 공부법이었다.

이 두 분의 공통점은 손을 움직여서 필기를 한다는 것이다. 그렇기 때문에 메모하고 기록하고 필기를 하는 공부법을 필자는 조선 시대 선비들의 대표적인 공부법이라고 말하고 싶다.

명재 윤증 선생도 역시 기록하는 공부인 차기 공부(箚記工夫)를 강조했다.

남명 조식과 화담 서경덕은 모두 공부란 사물을 궁구하는 것이며 깊이 생각하고 사색하는 공부를 강조했던 선비들이었다. 또한 퇴계 이황은 공부란 거울을 닦는 것과 같기 때문에 쉬지 말고 반복해서 해야 하는 것이라고 말했다. 그렇기 때문에 당연히 그의 공부는 오래도록 하는 구원공부(久遠工夫)였던 것이고, 힘들도록 부지런하게 해야 하는 근고공부(勤苦工夫)였던 것이다.

율곡 이이의 공부법은 자경문을 통해 스스로 마음을 다잡아 스스로 해 나가는 공부였다. 그리고 혜강 최한기 선생은 세상의 출세보다는 공부 그 자체에 열정을 가지고 공부를 좋아했던 인물이었다. 담헌 홍대용 선생은 입이 아닌 마음으로 읽는 독서와 공부를 강조했다. 마음을 다잡기 위해서 책을 읽거나 공부를 할 때 몸가짐을 바로 하는 것을 중요하게 생각했다.

명재 윤증 선생은 행함이 없는 공부는 공부라고 하지 않았고, 언제 어디서든 공부를 해야 하고, 쉬지 않고 해야 한다는 것을 강조하면서, 큰 사람이 되는 공부를 하라고 강조했다.

퇴계이황 선생은 공부란 거울을 닦는 것과 같다고 하면서 인격을 위한 공부를 하라고 말했다. 성호 이익 선생은 자만심을 경계하고 날마다 새롭게 되는 공부를 하라고 강조했다.

화담 서경덕 선생은 공부를 하면 누구나 성인이 될 수 있다는 주장을 했고, 독서보다는 사색을 통한 공부를 강조했다.

공부법과 함께 조선 시대 선비 중에서 가장 인상에 남는 독서법을 실천했던 선비 중에서 백곡 김득신 선생을 빼놓을 수 없을 듯 하다. 그는 억만 번을 읽고 또 읽어서 결국 일가를 이루고 이름을 남긴 학자였다.

그와 함께 쌍벽을 이루는 독서의 대가가 바로 '간서치' 로 널리 알려진 청정관 이덕무였다. 그는 평생 2만 권이 넘는 책을 읽었고, 남들보다 더 규율이 있는 공부를 했던 학자였다.

조선의 선비 중에 빼 놓을 수 없었던 인물은 바로 '혜강 최한기' 선생이다. 그는 출세보다는 공부를 선택했고, 과거의 전통적인 학문보다는 미래를 선택했던 학자였다. 놀랍게도 그는 1000권의 책을 집필했던 조선 제일 선비였던 것이다.

– 조선 선비들의 대표적인 공부법과 독서법 (요약정리)

조선 선비들의 대표적인 공부 비법과 특징을 간단하게 정리해 보면 이렇다.

– 메모하고 기록하고 필기하는 공부를 하라. _ 다산 정약용, 명재 윤증, 세종대왕.

– 깊이 생각하고 궁리하는 공부를 하라. _ 남명 조식. 화담 서경덕, 다산 정약용.

– 반복해서 읽고 습득하는 공부를 하라. _ 세종대왕, 성호 이익, 퇴계 이황.

– 입이 아닌 마음으로 읽고 공부를 하라. _ 담헌 홍대용. 퇴계 이황, 율곡 이이.

– 중요한 대목은 암기하고 체득하는 공부를 하라. _ 담헌 홍대용.

– 언제 어디서든 쉬지 않는 공부를 하라. _ 명재 윤증. 퇴계 이황.

– 진리 탐구에 그치지 말고 실천하는 공부를 하라. _ 명재 윤증. 담헌 홍대용. 남명 조식,

– 세상에 도움을 주고 편안케 하는 공부를 하라. _ 성호 이익, 연암 박지원.

– 말을 적게 하고, 자랑하기 위한 공부를 경계하라. _ 담헌 홍대용. 퇴계 이황. 율곡 이이.

– 큰 사람이 되는 공부를 하라. _ 명재 윤증. 율곡 이이, 화담 서경덕,

공부법과 비슷할 수 있지만 독서와 관련하여 조선 선비들의 독서를 통해 선정한 10가지 독서법을 살펴보면 바로 이것이다.

– 손을 움직이는 독서를 할 것.

– 절대 눈으로만 읽는 독서를 하지 말 것.

– 온 몸과 마음으로 독서를 할 것.

– 지식 습득만을 위한 독서를 하지 말 것.

– 숙독하고 통달할 때 까지 반복해서 독서를 할 것.

– 자신이 읽은 횟수와 책을 기록하는 독서를 하라.

– 책을 함부로 대하지 말고 소중하게 대할

것.

– 책을 읽을 때 몸가짐을 바로 하고 독서를 하라.

– 반드시 사색으로 이어지는 독서를 하라.

– 축적하는 독서를 하라.

insight in 조선 선비 1 _ ‘ 선비가 지켜야 할 36가지 덕목 ’

1. 하늘을 원망하지 않고 사람을 탓하지 않는다.

2. 이 세상에 도를 펴는 것을 자기 책무로 삼는다.

3. 나라가 위태로우면 목숨을 던진다.

4. 항상 세상을 걱정한다.

5. 널리 대중을 사랑한다.

6. 세상 모든 일을 감당할 수 있어야 한다.

7. 말보다 실천이 앞서야 한다.

8. 의리에 따라 행동한다.

9. 남의 장점은 이루어지도록 도와주고 나쁜 점은 이루지 못하도록 한다.

10. 가난을 마다하지 않는다.

11. 남이 자기를 알아주지 않을 까 걱정하지 않고, 자기가 남을 알아보지 못할 까 걱정한다.

12. 아첨하지 않는다.

13. 항상 반성하는 시간을 갖는다.

14. 몸을 닦고서 집안을 가지런히 한다.

15. 조상을 극진히 받든다.

16. 효를 조행의 기본으로 삼는다.

17. 성실하고 신용을 지킨다.

18. 허물이 있으면 당장 고친다.

19. 자기보다 나은 자를 벗으로 삼는다.

20. 일에는 민첩하고 말은 신중하게 한다.

21. 먹는 일에 배부름을 추구하지 않는다.

22. 거처에 편안함을 추구하지 않는다.

23. 이름을 바로잡는다.

24. 온화하면서도 엄하게 한다.

25. 위엄이 있으면서도 사납지 않다.

26. 아랫사람에게 묻는 것을 부끄러워하지 않는다.

27. 있으면서도 없는 듯하고, 가득 차 있으면서도 텅 빈 듯이 한다.

28. 남이 침범해도 맞받아 다투지 않는다.

29. 두루 친하되 편을 짓지 않는다.

30. 마음을 늘 편하고 너그럽게 지닌다.

31. 화합하나 뇌동하지 않는다.

32. 태연하나 거만하지 않는다.

33. 언제나 자기에게서 구한다.

34. 성현의 가르침에 따라 행동하고 자기 주견을 말할 때도 옛사람의 말씀을 인용한다.

35. 사사로운 일보다는 공적인 일을 앞세운다.

36. 내 마음을 미루어 남을 헤아린다.

insight in 조선 선비 2 _ '조선 시대 선비라면 반드시 읽어야 할 책'

1. 조선 후기 이덕무가 뽑은 명저 3 종 세트.

- 이이의 <성학집요> _ 개인과 제왕의 심성 수양.
- 허준의 <동의보감> _ 사람의 질병을 치료.
- 유형원의 <반계수록> _ 국가의 경제와 제도를 논함.

2. 19세기 학자 홍한주가 뽑은 명저 4종 세트.

- 이이의 <성학집요> _ 개인과 제왕의 심성 수양.
- 허준의 <동의보감> _ 사람의 질병을 치료.
- 유형원의 <반계수록> _ 국가의 경제와 제도를 논함.
- 이만운의 <문헌비고> _

3. 대중적인 인기로 조선시대를 대표하는 베스트셀러 3종 세트.

- 이중환의 <택리지> _ 조선 전 지역에 대한 인문 지식을 다룸.

- 홍만종의 <소화시평> _ 조선 시의 성과를 일목요연하게 정리.

- 작자 미상의 <춘향전> _ 조선 소설의 백미.

4. 일본 저술 가운데 유일하게 조선 선비들이 읽은 책.

- 테라시마 료오안의 <화한삼재도회> _ 사물과 현상을 그림으로 그리고 간단한 설명을 붙인 책으로 도설식 圖說式 사전.

5. 18 ~ 19세기 실학자들이 읽고 크게 감명 받은 책.

– 이시진의 <본초강목> _ 의학, 생물학의 전무후무한 고전.

– 왕상진의 <군방보> _ 가장 오래된 꽃에 대한 백과사전.

– 테라시마 료오안의 <화한삼재도회>

6. 중국에 출간 된 조선 선비들의 책.

– 최치원의 <계원필경집>
– 허난설헌의 <난설헌집>
– 허준의 <동의보감>

7. 일본에서 출간 된 조선 선비들의 책.

– 유길준의 <서유견문>
– 김득련의 <환구음초>
– 박제형의 <조선정감>
– 김시습의 <금오신화>

< 출처 및 참조, 안대회, [선비답게 산다는 것], 247 ~ 262쪽의 내용을 쉽고 간단하게 요약 정리함 >

insight in 조선 선비 3 _ ‘ 조선 시대 선비들의 하루 일과 ’

오전

2 ~ 4 시 계명(鷄鳴) : 기상(여름철), 앎과 느낌을 개발하는 공부.

4 ~ 6 시 매상(昧爽) : 기상(겨울철), 새벽 문안, 뜻을 세우고 몸을 공경히 하는 공부.

6 ~ 8 시 일출(日出) : 자제들에게 글을 가르침. 독서와 사색.

8 ~ 10시 식시(食時) : 식사. 마음을 가다듬고 고요히 살핌.

10 ~ 12 시 우중(禺中) : 손님 접대, 독서.

오후

12 ~ 2 시 일중(日中) : 일꾼들을 살핌, 친지에게 편지. 경전과 역사의 독서.

2 ~ 4 시 일질(日昳) : 독서 또는 사색, 여가

를 즐기거나 실용 기술을 익힘.

4 ~ 6 시 일포(日晡) : 식사. 여유 있는 마음으로 독서. 성현의 기상을 본받는 묵상.

저녁

6 ~ 8 시 일입(日入) : 가족과 일꾼의 일을 점검함. 자제들 교육.

8 ~ 10 시 황혼(黃昏) : 일기, 장부 정리, 자제 교육, 우주와 인생, 자기 행동에 대한 묵상.

10 ~ 12 시 인정(人定) : 수면, 심신을 안정시키고, 원기를 배양함.

12 ~ 2 시 야반(夜半) : 깊은 잠, 밤기운으로 심신을 북돋움.

(전거 : 윤최식, [일용지결], 1880년) < 출처: 정옥자, [우리가 정말 알아야 할 우리 선비], 397쪽 참조

부록
공부 관련 어록

< 국내 공부 관련 어록 >

“공부를 그저 출세의 수단으로만 여겨서는 공부도 잃고 나도 잃는다.” _ 다산 정약용

“백년도 못 되는 인생이 공부를 하지 않는다면 이 세상에 살다간 보람을 어디서 찾겠는가?” _ 다산 정약용

“사람이 세상에 나서 책을 안 읽고(공부를 하지 않고) 무슨 일을 하겠는가?’
_ 다산 정약용

“제대로만 익히면 1백 권의 책을 열흘에 해치울 수 있다. 공부에는 요령이 필요하다. 초서를 통해 그 요령을 익힐 수가 있다.” _ 다산 정약용

“ 실제에 쓸모가 없다면 하나마나한 공부다. 물론 학문 자체가 다 실용적일 수는 없고, 그래

서도 안 된다. 다만 학문을 위한 학문, 학문으로 끝나는 학문이어서는 곤란하다. 학문을 함으로써 세상을 보는 안목이 툭 터지고, 식견을 깨칠 수 있어야 한다." _ 다산 정약용

" 인간으로 하여금 짐승과 벌레의 부류를 벗어나 저 광대한 우주를 지탱하게 만드니, 독서야말로 우리들의 본분이라 하겠다."
_ 다산 정약용

" 학문은 천하의 공변된(공평한) 것이다.
_ 다산 정약용

"학문하는 길에는 방법이 따로 없다." _
연암 박지원

"선비가 하루 독서(공부)하지 않으면 면목이 곱지 못하고 언어가 곱지 못하고, 갈팡지팡하여 몸을 의지할 데가 없어지고 마음을 둘 데가 없어진다." _ 연암 박지원

“독서를 하면서 써먹을 것을 구하는 것은 모두 사심에서 비롯된 것인데, 해 마칠 때까지 독서를 해도 학문에 진보가 없는 것은 사의(私意)가 그것을 해치기 때문이다.”

_ 연암 박지원

“ 선비가 독서(공부)를 하면 그 은택이 천하에 미치고, 그 공덕이 만세(萬世)에까지 전해진다.” _ 연암 박지원

“공부는 사람다운 사람이 되기 위해 누구나 해야만 하는 아주 가까이 있는 것이며, 특별한 사람만이 하는 것은 아니다” _ 율곡 이이

“공부는 죽은 뒤에야 끝나는 것이니 서두르지도 않고 늦추지도 않아야 한다.”

_ 율곡 이이

“공부라는 것은 일상생활과 일 속에 있다. 평소에 행동을 공손히 하고 일을 공경히 하며 남

을 진실되게 대하는 것, 이것이 곧 공부라고 할 수 있다." _ 율곡 이이

"공부를 하려는 노력은 늦춰서도 안 되고 조급하게 해서도 안 되며, 죽은 뒤에야 끝나는 것이다. 만약 그 효과를 빨리 바란다면 이 또한 이익을 탐하는 마음이다. _ 율곡 이이

" 사람이 이 세상에 나서 학문에 의존하지 않고는 올바른 사람이 될 수 없다. 이른바 학문이란 것은 역시 이상하거나 별다른 것이 아니다. (...) 다만 학문하지 않은 사람은 마음이 막히고 식견이 좁기 마련이다. 그러므로 모름지기 글을 읽고 이치를 궁구하여 마땅히 향할 길을 밝힌 연후에야 조예가 올바르고 실천에 중도를 얻게 된다. " _ 율곡 이이

" 요즘 사람들은 학문이 일상생활에 있는 줄은 모르고 망령되이 높고 멀어 행하기 어려운 것으로 생각하는 까닭에, 특별한 사람에게 미루

고 자기는 자포자기한다. 이 어찌 불쌍한 일이 아니랴." _율곡 이이

" 사람이 비록 공부하겠다는 뜻을 가지고 있으면서도 용감하게 앞으로 나아가 학문을 이루지 못하는 것은, 오래된 습관이 가로막아 방해하기 때문이다." _ 율곡 이이

" 삼가 마음을 길러 근본을 세우고(居敬) 사물의 이치를 궁구하여(窮理) 선을 밝히며, 힘써 행하여 실천하는 것(力行), 이 세 가지는 공부하는 사람이 죽을 때까지 해야 할 일이다."

_ 율곡 이이

" 공부하는 사람은 항상 그 마음을 학문에 두어야지 다른 일에 얽매여서는 안 된다. "

_ 율곡 이이

" 무릇 책을 읽는 사람은 반드시 단정히 앉아 삼가 공경하여 책을 대하며, 마음을 오로지하고 뜻을 극진히 하여 글의 의미를 정밀하게 이해하고

깊이 생각할 것이며, 구절마다 반드시 실천할 방법을 찾아야 한다. 만일 입으로만 읽어서 마음으로 체득하지 못 하고 몸으로 실행하지 못한다면, 책은 책이고 나는 나니 무슨 이로움이 있겠는가?" _ 율곡 이이

"공부를 하고도 사람을 사랑할 줄 모른다면 공부를 제대로 한 것이 아니다." _ 퇴계 이황

"후일을 기다리지 말고 지금 당장 공부를 시작할 것이며, 의심하여 머뭇거리지 말고 자신의 형편에 따라 힘을 써야 한다." _ 퇴계 이황.

"학문하는 것은 거울을 닦는 것에 비유할 수 있다. 거울은 본래 밝은 것이지만, 먼지와 때가 겹겹이 덮혀 있어 약을 묻혀 씻고 닦아야 한다." _ 퇴계 이황.

"공부란 한번 껑충 뛰어서 도달하는 것이 아

닙니다. 이전에 1,2년 만에 공부를 완성할 수 있 다고 기약한 적이 있는데, 뜻을 그렇게 가졌다면 참으로 거칠고 잘못된 생각이라고 하지 않 을 수 없습니다. 공부는 평생을 걸쳐 해야 하는 막중한 사업입니다." _ 퇴계 이황

"글을 읽는(공부를 하는) 가장 중요한 목적은 반드시 성현들의 말씀과 행동을 본 받아서 그것을 자기 것으로 만들 수 있는 경지에까지 도달하는데 있다." _ 퇴계 이황

" 학문을 넓게 배우되, 이를 자기 것으로 소화해서 그것에 힘입어 자신의 경지를 높이고 그 높은 경지에서 모든 사물을 환히 내려다보는 고명(高明)이 있고서야 행함이 도에 어긋나지 않고 세상의 쓰임에 이롭지 않은 것이 없다."
_ 남명 조식

"공부하는 사람은 잠을 많이 자서는 안 된다. 사색하는 공부는 밤에 더욱 온전히 되기 때

문이다.” _ 남명 조식

“ 학문이란 모름지기 스스로 깨침을 귀하게 여긴다. 한갓 책에 의존하여 알게 된 이치일 뿐이고 자기 마음속에서 참되이 깨달은 게 아니라면, 결국 아무 소용이 없다. 마음속에서 참되이 깨달은 것은 입으로 말하기 어렵다. 그러므로 학자는 말 잘하는 것을 귀하게 여기지 않는다.” _ 남명 조식

“ 요즘 공부하는 자들을 보면, 생활 속의 작은 일들은 몸소 실천할 줄 모르면서 입으로만 천리(天理)를 말해 명성이나 얻고 남을 속이려 한다.” _ 남명 조식

“ 치지(致知)와 함양(涵養)은 둘 다 병행해야 할 공부이다. 그러나 초학자에게는 치지가 먼저다. 치지는 독서하고 궁리하는 것으로 요점을 삼는다. 그러니 어찌 전적으로 함양에만 의존할 것인가? ” _ 성호 이익

“ <독서는> 모름지기 이렇게 해야 한다. <공

부는> 맹장(猛將)이 병사를 부릴 적에 한 번 진을 쳐서 적을 무찌르는 것처럼, 혹독한 관리가 법을 적용할 적에 심각하게 하여 전혀 인정이 없는 것처럼 해야 한다." _ 성호 이익

" 경전을 연구하는 사람은 반드시 그 본뜻을 연구하고 철저히 방증하여 자신을 수양하고 세상을 편안케 하는 근본으로 삼아야 한다. "
_ 성호 이익

" 경전을 연구하는 것은 장차 세상에 활용하기 위해서다. 경전에 대해 말하면서 그것을 천하만사에 활용하지 않는다면 이는 그저 글자를 읽는데 불과하다." _ 성호 이익

" 자신의 덕을 날마다 새롭게 하는 공부를 오랫동안 하다 보면 게을러져서 교만하고 인색한 마음이 생기고, 그러면 곧 자만심이 싹튼다. 자만심이 싹트면 남이 자기만 못하다고 여기게 되

고, 남이 자기만 못하다고 여기면 자기 마음대로 하게 된다. 자만심, 남이 자기만 못하다고 여김, 자기 마음대로 함, 이 세 가지가 차례로 연달아 닥침은 비유컨대 식초에 초파리가 덤비고 양고기에 개미가 모이는 것과 같다. 그러므로 날마다 덕을 새롭게 하는 공부는 마치 넝쿨을 잡고 높은 데로 올라가는 것처럼 더디고 힘들다는 사실을 알아야 하고, 자만심의 해악은 언덕을 달려내려오는 것처럼 빠르고 쉽다는 사실을 알아 경계해야 한다." _
성호 이익

"명색은 책을 읽는다 하면서 실제 몸으로 행하지 못하면 문장을 아름답게 꾸미게 하고 입만 번지르르하게 하는 도구일 뿐이니, 진정한 학문(공부)이 아니다 " _ 명재 윤증

" 쉬지 않는 공부를 한 뒤에라야 나중에 성취를 할 수 있다." _ 명재 윤증

“ 이른바 공부는 마음을 경동(驚動)시켜 성질을 참고 견디며, 의(義)를 정밀하게 하고 인(仁)을 익숙하게 하는 일입니다.”

_ 명재 윤증.

“ 독서하다 의심이 있으면 메모하는 공부가 가장 착실한 것이 됩니다. 그러면 남에게 묻기를 기다리지 않고서도 훗날 스스로 깨닫는 점이 많을 것입니다. 이에 대해 힘을 써야 합니다.” _명재 윤증.

“ 무릇 책을 보다가 의심이 생기거나 일을 하다가 의심이 들면 손 가는 대로 메모를 해 두었다가 남에게 물어보십시오. 터득하는 것이 있으면 또한 메모했다가 뒤에 살펴보는 자료로 삼으십시오. 메모하는 공부는 매우 좋습니다. 의심이 있거나 터득함이 있는데 이를 방치하면 잊어버리게 되며, 끝내는 득력할 곳이 없게 됩니다.” _ 명재 윤증

“옥도 다듬지 않을 수 없고, 재목도 깎지 않을 수 없으며, 사람도 배우지 않을 수 없는 것이다. 사람으로서 배울 줄 모른다면 지혜롭다고 할 수 없다’ _ 담헌 홍대용

“안자(晏子)와 맹자의 자질도 배우고 닦지 않으면 범부, 천졸(賤卒)에서 벗어나지 않을 것이 다.” _ 담헌 홍대용

“ 사람으로서 배울 줄 모른다면 지혜롭다고 할 수 있겠으며, 알면서도 행하지 못한다면 의롭다 할 수 있겠으며, 할 줄 알면서도 힘껏 하지 않는 다면 용기가 있다고 할 수 있겠는가? “
_ 담헌 홍대용

“ 요즘 공부하는 이들은 입만 열면 성선(性善)을 말하고 말만 하면 반드시 정자와 주자를 일컫지만, 똑똑한 사람은 훈고訓詁에 빠지고, 어리석은 사람은 명예와 이욕에 골몰한다.”
_ 담헌 홍대용

“ 학문을 하는 데 늦고 빠른 것이 어디에 있느냐?” _ 점필재 김종직

‘학문을 하는 까닭은 기질을 능히 변화시키기 위함이다.’ _ 덕계 오건

“ 학문(공부)이란 본래 평화로운 것이다. 인간사의 분쟁을 학문을 통해 화해시키고, 정치가 도리를 잃은 것을 학문을 밝혀 바로잡으니, 혼란을 막고 위기를 구해주며 어리석은 것을 깨우치고 악을 감화시키는 것이 바로 학문의 본의이다. _ 혜강 최한기.

“ 가르치고 배우는 것은 두 가지 일이 아니다.” _ 혜강 최한기.

“ 중년에 이르러 학업의 진취가 있는가의 여부와 많은가 적은가의 여부는 공부하는 사람 자신에게 달려 있다.” _ 혜강 최한기.

“ 학문의 성취는 무엇으로 기준을 삼을 것인가? 하늘과 사람의 큰 도를 분명히 이해하여 자기 몸에 실천하고 후학을 위해 길을 열어주는 것, 이것이 바로 그 기준이다.”

_ 혜강 최한기.

“ 도는 사람에게서 멀리 있지 아니하나니, (누구나) 공부하면 성인이 될 수 있다.”

_ 화담 서경덕

“ 군자가 공부를 귀히 여김은, 공부를 통해 그침(止)을 알게 되기 때문이다. 공부를 하고도 그침을 모른다면 공부하지 않은 것과 무엇이 다르겠는가.” _ 화담 서경덕

‘ 공부하는 데 있어 사물을 궁구하는 것을 먼저 하지 않는다면 독서를 한들 무슨 소용이 있겠는가!’ _ 화담 서경덕

" 옛 사람이 말하기를 '생각하고 또 생각하면 귀신이 통하게 해준다.' 라고 했는데, 귀신이 통하게 해주는 게 아니라 마음이 스스로 통하는 것이다." _ 화담 서경덕

" 나의 학문(공부)은 모두 스스로 고심하고 온 힘을 다해 얻은 것이다."

_ 화담 서경덕

" 옛날에는 공부를 하는 데 말을 많이 하지 않았습니다. 극기복례를 말하면 바로 실제의 극기복례하는 공부를 했습니다. 그러므로 단지 '극기복례' 네 자만으로도 성인이 될 수 있었습니다. 오늘날에는 말이 매우 많아졌지만 원래 실제의 공부가 없습니다. 그러므로 또한 실제의 효과가 없는 것입니다."

_ 우암 송시열

" 학자에게 귀한 것은 자신의 심지(心志)가 안정됨으로써 사려(思慮)가 맑고 밝게 되는 것이다. 그런 뒤에 격물치지(格物致知)의 궁리공부(窮理工夫)를 비로소 조처함이 있게 된다. 마음에 배양하고 함축한 힘이 없으면, 이른바 박학(博學)하고 심문(審問)하고 신사(愼思)하고 명변(明辯)하며 성찰(省察)하고 극치(克治)하는 공부가 어디에 의지하고 근거하겠는가? " _ 서애 유성룡

" 글 읽는 횟수는 시간을 배정해야 하고, 배정된 시간을 넘나들어 더 읽기도 하고 덜 읽기도 해서는 안 된다. 나는 어릴 때 하루도 공부하는 과정을 빼먹은 적이 없었다. 아침에 40, 50 줄을 배워서 하루 50번을 읽었는데, 아침부터 저녁까지 다섯 차례로 분배하고 한 차례에 열 번씩 읽었다. " _ 청장관 이덕무

< 해외 공부 관련 어록 >

" 옛날 사람들은 자기를 위해서 공부하였는데, 오늘날 사람들은 남의 환심을 사기 위해서 공부한다.(고지학자위기古之學者爲己, 금지학자위인今之學者爲人)" _ 공자, [논어] (헌문편)

" 곤경에 처했는데도 공부하지 않는다면 이는 곧 최하위의 사람이다.(곤이불학困而不學, 민사위하의民斯爲下矣)." _ 공자, [논어] (계씨편)

" 배우기만 하고 생각하지 않으면 갈피를 잡을 수 없고, 생각하기만 하고 배우지 않으면 위험하다.(학이불사즉망學而不思則罔, 사이불학즉태思而不學則殆"

_ 공자, [논어] (위정편)

"배우길 좋아하고 깊이 생각하면 마음으로 그 뜻을 알게 된다(好學深思 心知其意)" "

_ 사마천, [사기], 오제본기.

" '만 권의 책을 읽으면 글을 쓰는 것도 신의 경지에 이른다. 讀書 破萬卷 下筆 如有神'

_ 두보.

" 공부의 적은 자기만족이다. 진지한 공부는 반드시 불만족에서 시작되어야 한다."

_ 모택동.

공부 관련 고사성어

과골삼천(踝骨三穿) _ 다산 정약용 선생이 강진 유배 시절 18년 동안 500권의 책을 저술 하실 정도로 매일 공부와 저술에 전념하면서 복사뼈에 세 번이나 구멍이 뚫렸을 정도로 열심히 공부하는 것을 말하는 고사성어.

판권

초판 인쇄: 2026년 1월 5일
초판 발행: 2025년 1월 5일

펴낸이: 김병완
펴낸곳: (주) 플랫폼연구소

출판등록: 제 2020-000075호

이메일: pflab2020@naver.com

주소:서울시 강남구 삼성동 116 백우빌딩 402호

ISBN 979-11-24195-57-4(03010)